Besseres Französisch

Regina Lübke

Besseres Französisch

Grammatik und Übungen für die Klassen 9 bis 11

FALKEN

In der gleichen Reihe sind bereits zahlreiche Titel erschienen.
Bitte erkundigen Sie sich bei Ihrem Buchhändler.

CIP-Titelaufnahme der Deutschen Bibliothek

Lübke, Regina:
Besseres Französisch: Grammatik und Übungen für die Klassen 9 bis 11 /
Regina Lübke. – Niedernhausen/Ts.: FALKEN, 1989
(FALKEN Bücherei)
ISBN 3-8068-1039-7

ISBN 3 8068 1039 7

Satz: Grunewald Satz & Repro GmbH, Kassel
Druck: Neuwieder Verlagsgesellschaft mbH, Neuwied

817 2635 4453 6271

Table des matières
Inhalt

Vorwort — 7

Le substantif et l'article
Das Substantiv und der Artikel — 8

- Das grammatische Geschlecht — 8
- Der Plural der Substantive — 12
- Der Artikel — 15
- Der „Teilungsartikel“ — 19

Les pronoms
Die Pronomen — 23

- Das Personalpronomen — 23
- Das Objektpronomen — 27
- Das Demonstrativpronomen — 33
- Das Possessivpronomen — 37
- «Tout» — 40
- Das Relativpronomen — 43
- «En» und «y» — 47

L'adjectif et l'adverbe
Das Adjektiv und das Adverb — 50

- Das Adjektiv — 50
- Das Adverb — 57

Le verbe
Das Verb — 60

- Das Präsens — 60
- Das Futur — 67
- Imperfekt und Passé simple — 71
- Das Perfekt — 75
- Plusquamperfekt und Passé antérieur — 81
- Das Konditional — 83

Der Subjonctif 86
Der Imperativ 92
Partizip Präsens und Gérondif 94
Verb und Objekt – Verb und Infinitiv 97
Übersicht über die Zeiten – Aktiv 100
Übersicht über weitere Verbformen 102
Übersicht über die Zeiten von «avoir» und «être» – Aktiv 103
Übersicht über weitere Formen von «avoir» und «être» 106
Übersicht über die wichtigsten unregelmäßigen Verben 107

La syntaxe
Der Satzbau 111
Der Fragesatz 111
Der verneinte Satz 115
Die Einschränkung 118
Der Vergleich – Der Vergleichssatz 120
Der Nebensatz mit Konjunktion 123
Der Nebensatz mit «si» 126
Der Relativsatz 129
Satzzeichen im Französischen 132

Annexe
Anhang 134
Lösungen zu den Übungen 134
Grammatische Ausdrücke 143

Vorwort

Besseres Französisch ist für folgende Zielgruppen bestimmt:
→ für Schüler der Klassen 9–11, die im Bereich der französischen Grammatik Schwierigkeiten haben;
→ für Schüler der Oberstufe, die im Hinblick auf Kursarbeiten und Abitur die französische Grammatik wiederholen und üben wollen;
→ für Erwachsene, die auf der Schule oder Volkshochschule Französisch gelernt haben und später ihre Französischkenntnisse wieder auffrischen wollen – aus beruflichen Gründen, aus Interesse an der französischen Sprache, als Vorbereitung für eine Reise nach Frankreich oder um mit den eigenen Kindern, die auf der Schule Französisch lernen, mithalten zu können.
Besseres Französisch stellt eine Kombination von Mindestgrammatik und Übungsbuch dar. Es ist sowohl lehrbuchbegleitend als auch lehrbuchunabhängig einzusetzen. Bei frühzeitiger Anwendung hilft es, Lücken erst gar nicht entstehen zu lassen. Bei bereits bestehenden Lücken garantiert intensive Arbeit mit dem Buch deren schrittweise Beseitigung.
Die Auswahl der Kapitel orientiert sich am Schulalltag, d. h., es werden solche Bereiche ausgewählt, die erfahrungsgemäß deutschen Schülern besondere Schwierigkeiten bereiten und Fehlerschwerpunkte in Klassenarbeiten, Tests usw. bilden. Es wurde besonders darauf geachtet, daß die Regeln in einem für jedermann verständlichen Deutsch formuliert wurden. Die französischen Fachausdrücke werden zusätzlich genannt.
Die einzelnen Übungen (unterteilt in leichte und schwierigere) sind abwechslungsreich und interessant gestaltet; sie entsprechen in Form und Schwierigkeitsgrad modernen didaktischen Gesichtspunkten.

Besseres Französisch ist so konzipiert, daß der Schüler selbständig (oder zusammen mit Eltern, Schulkameraden oder Nachhilfelehrer) damit arbeiten kann. Folgende Vorgehensweise sei vorgeschlagen:

1. Auswahl eines Kapitels, das dem Schüler Schwierigkeiten bereitet (Analysieren der Fehler der letzten Klassenarbeit!),
2. Durcharbeiten der Regeln und Beispiele,
3. schriftliches Lösen der Übungen,
4. Nachschlagen im Lösungsanhang,
5. Anstreichen der falschen Sätze,
6. Erklären, warum diese Sätze falsch sind (erneutes Lesen der Regeln und Beispiele!), und Korrektur.

Viel Erfolg beim Arbeiten!

Le substantif et l'article
Das Substantiv und der Artikel

Das grammatische Geschlecht

1. Für den Deutschsprechenden ist es selbstverständlich, daß jedes Hauptwort ein grammatisches Geschlecht hat.

Beispiel:	der Herr	die Dame	das Mädchen
	der Hund	die Katze	das Pferd
	der Mond	die Sonne	das Firmament

Auch im Französischen haben alle Hauptwörter ihr grammatisches Geschlecht.

Beispiel:	le monsieur	la dame	la fille
	le chien	le chat	le cheval
	la lune	le soleil	le firmament

Das Wort, das das grammatische Geschlecht ausdrückt, heißt Geschlechtswort. «Le» bezeichnet das männliche Geschlecht, «la» das weibliche Geschlecht.

Grammatische Fachausdrücke

Deutsch:	Hauptwort, Dingwort	grammatisches Geschlecht
Lateinisch:	Nomen, Substantiv	Genus
Französisch:	le nom, le substantiv	le genre grammatical

Deutsch:	Geschlechtswort	männlich	weiblich
Lateinisch:	Artikel	Maskulinum	Femininum
Französisch:	l'article, m	masculin	féminin

2. Wenn man die französischen Hauptwörter mit ihren deutschen Übersetzungen vergleicht, stellt man fest:

➠ Gelegentlich haben beide Wörter dasselbe Geschlecht.

Beispiel:	der Herr	–	le monsieur
	die Dame	–	la dame
	der Hund	–	le chien …

➠ Sehr oft jedoch nicht.

Beispiel:	das Pferd	/	le cheval
	der Mond	/	la lune
	die Sonne	/	le soleil …

Das hat zur Folge, daß im Französischen jedes Hauptwort zusammen mit seinem Artikel gelernt werden muß.

3. Es gibt viele Hauptwörter, die im Französischen und im Deutschen gleich oder ähnlich klingen. Welches Geschlecht haben sie?
Beispiel: die Musik – la musique
die Revolution – la révolution
der Präsident – le président ...
Viele dieser Hauptwörter, die im Französischen und Deutschen ähnlich klingen, haben jedoch ein unterschiedliches Geschlecht. Da muß man besonders aufpassen.

le beurre	– die Butter	le million	– die Million
le chocolat	– die Schokolade	le nez	– die Nase
le cigare	– die Zigarre	le parti	– die Partei
le contrôle	– die Kontrolle	le rôle	– die Rolle
le fruit	– die Frucht	le tour de France	– die Tour de France
le garage	– die Garage	le tube	– die Tube
le groupe	– die Gruppe	le vase	– die Vase ...
le mark	– die Mark		
le melon	– die Melone		
la bière	– das Bier	la photo	– das Foto
la chanson	– das Chanson	la place	– der Platz
la danse	– der Tanz	la radio	– das Radio
la date	– das Datum	la salade	– der Salat
la mer	– das Meer	la salle	– der Saal ...

Auch die Autos sind im Französischen (im Gegensatz zum Deutschen) weiblich:
la Citroën, la Renault, la Mercédès, la Volkswagen ...

4. Bei einer großen Zahl von französischen Hauptwörtern kann man an der Endung erkennen, ob sie männlich oder weiblich sind.

- Männlich sind – abgesehen von wenigen Ausnahmen – alle Hauptwörter mit den Endungen -age, -aire, -al, -eau, -ent, -et, -ier, -in, -isme, -ment, -oir, -on.
  Beispiel: le garage, le commissaire, le cheval, le château, le ta ent, le billet, le cahier, le voisin, le tourisme, le document, le devoir, le ballon ...
- Weiblich sind – abgesehen von einigen Ausnahmen – alle Hauptwörter mit den Endungen -ade, -ance, -ée, -elle, -ence, -ère, -esse, -ette -euse, -ie, -ine, -ion, -ise, -té, -tude, -ure.

Beispiel: la promenade, la distance, la journée, la nouvelle, la prudence, la menagère, la princesse, la cigarette, la vendeuse, la maladie, la cousine, la télévision, la chemise, la nationalité, la solitude, la nature ...

➠ Schwierigkeiten machen die Hauptwörter auf «-eur»: einige sind männlich, andere weiblich.
Alle konkreten Hauptwörter auf «-eur» sind männlich.
Beispiel: le moteur, le directeur ...
Zusätzlich: le bonheur, le malheur, l'honneur
Alle abstrakten Hauptwörter auf «-eur» sind weiblich.
Beispiel: la douleur, la grandeur ...
Zusätzlich: la sueur, la vapeur.

5. Welches Geschlecht haben die Ländernamen? Die meisten sind weiblich.
Beispiel: la France, la Suisse ...
Einige sind jedoch männlich.
Beispiel: le Brésil, le Canada, le Danemark, le Japon, le Luxembourg, le Mexique, le Portugal, le Pérou ...

Leichte Übungen

I. Ergänze «le» oder «la». (siehe Absatz 3)

1. _______ café
2. _______ cigare
3. _______ chanson
4. _______ chocolat
5. _______ fruit
6. _______ groupe
7. _______ melon
8. _______ musique
9. _______ papier
10. _______ Renault
11. _______ photo
12. _______ place
13. _______ président
14. _______ révolution
15. _______ salade
16. _______ tasse
17. _______ théâtre
18. _______ touriste

II. Ergänze «le» oder «la». (siehe Absatz 4)

1. _____ bateau (das Boot)
2. _____ courage (der Mut)
3. _____ direction (die Richtung)
4. _____ document
5. _____ garage
6. _____ journal (die Zeitung)
7. _____ liberté (die Freiheit)
8. _____ machine
9 _____ reportage
10. _____ savon (die Seife)
11. _____ socialisme
12. _____ surprise (die Überraschung)
13. _____ tradition
14. _____ tristesse (die Traurigkeit)
15. _____ trottoir (der Bürgersteig)
16. _____ vérité (die Wahrheit)

III. Ergänze «le» oder «la». (siehe Absatz 3–4)

Madame Dubois montre des photos à sa mère:

1. Regarde __________ photo.
2. C'est Pierre avec __________ Renault de son père devant __________ garage.
3. Voilà Sandrine: Elle mange __________ melon.
4. Elle écoute __________ radio, et elle aime __________ danse.
5. Voilà Marcel. Il aime __________ bière.
6. Tu vois son ami, M. Martin, qui fume __________ cigarette?

Schwierigere Übungen

IV. Complétez le texte.

1. Quand Igor Stravinski * annonça qu'il ferait __________ de concerts aux Etats-Unis, il reçut un télégramme __________ américain George Gershwin, auteur de la «Rhaphsodie en bleu».	(un/une tournée) (du/de la compositeur)
2. L'Américain priait Stravinski de bien vouloir lui donner quelques leçons au cours de __________ dans le Nouveau Monde, se déclarant prêt à payer n'importe quel prix pour obtenir __________ .	(son/sa voyage) (ce/cette faveur)
3. Stravinski lui posa __________ : – Combien gagnez-vous par an? – Cinq cent mille dollars, répondit L'Américain.	(ce/cette question)
4. Stravinski, surpris, tira __________ : – Je n'ai rien à vous apprendre, c'est à vous de me donner quelques leçons.	(le/la conclusion)

V. Complétez le texte.

1. Un journaliste fait une enquête[1] dans les milieux littéraires: __________ jugement[2] portent, les uns sur les autres, les auteurs de générations __________ ?	(quel/quelle) (différents/différentes)
2. Il interroge __________ jeune romancier sur un vieil écrivain, depuis longtemps académicien[3]:	(un/une)

* Igor Stravinski (1882–1971), compositeur américain d'origine russe

3. – ________ réputation, lui dit ________ jeune auteur; d'ailleurs, il est complètement fini. | (grand/grande, le/la)
4. Le reporter va ensuite chez l'académicien et l'interroge sur le jeune auteur:
– ________ talent, ________ des personnalités | (un grand/une grande, un/une)
les plus sympathiques de ________ littérature | (le/la)
________. | (actuel/actuelle)
– Oh, dit le journaliste, ce jeune homme m'a dit le plus grand mal de vous.
5. Le vieil auteur répond avec _______ humeur: | (bon/bonne)
– Nous savons bien que nous mentons tous les deux.

1 Umfrage 2 Urteil 3 Mitglied der «Académie française»

Der Plural der Substantive

1. Die meisten Sprachen unterscheiden zwischen Einzahl und Mehrzahl. Das Deutsche, eine besonders schwierige Sprache, benutzt verschiedene Mittel, um die Mehrzahl auszudrücken.

Beispiel:	ein Schiff	→ viele Schiffe	Endung «-e»)
	ein Hafen	→ viele Häfen	(Umlaut)
	eine Straße	→ viele Straßen	(Endung «-n»)
	ein Fahrrad	→ viele Fahrräder	(Umlaut und Endung «-er»)
	ein Auto	→ viele Autos	(Endung «-s»)
	...	....	...

Grammatische Fachausdrücke

Deutsch:	Einzahl	Mehrzahl
Lateinisch:	Singular	Plural
Französisch:	le singulier	le pluriel

2. Im Französischen ist die Bildung der Mehrzahl einfacher: Die meisten Substantive haben in der Mehrzahl die Endung «-s». (Das «-s» wird nur geschrieben, nicht gesprochen.)

Beispiel:	une auto	→ beaucoup d'autos	– viele Autos
	un vélo	→ beaucoup de vélos	– viele Fahrräder
	une rue	→ beaucoup de rues	– viele Straßen

Substantive, die bereits in der Einzahl auf «-s» enden, bekommen in der Mehrzahl kein weiteres «-s».

Beispiel: un pays → beaucoup de pays – viele Länder
un fils → beaucoup de fils – viele Söhne

Auch Substantive, die in der Einzahl auf «-x» oder «-z» enden, bekommen in der Mehrzahl kein «-s».

Beispiel: le prix → les prix – die Preise
le nez → les nez – die Nasen

3. Eine verhältnismäßig kleine Anzahl von Substantiven hat in der Mehrzahl die Endung «-x».
Dazu gehören:

➠ Alle Substantive auf «-au» und «-eau».
Beispiel: le bateau → les bateaux – die Boote
le tuyau → les tuyaux – die Rohre

➠ Fast alle Substantive auf «-al».
Beispiel: le journal → les journaux – die Zeitungen
le cheval → les chevaux – die Pferde
(Ausnahmen: le bal → les bals, le festival → les festivals ...)

➠ Fast alle Substantive auf «-eu».
Beispiel: le cheveu → les cheveux – die Haare
le lieu → les lieux – die Orte
(Ausnahme: le pneu → les pneus)

Die Endung «-x» kommt auch bei folgenden Substantiven vor:
le travail → les travaux – die Arbeiten
le bijou → les bijoux – die Juwelen
le caillou → les cailloux – die Kieselsteine
le genou → les genoux – die Knie
(Meist haben die Substantive auf «-ail» und «-ou» jedoch in der Mehrzahl die Endung «-s»: le détail → les détails, le trou/les trous ...)

4. Einige Substantive bilden die Mehrzahl ganz unregelmäßig:

l'œil [œj]	→ les yeux [jø]	– die Augen
l'œuf [œf]	→ les œufs [ø]	– die Eier
le bœuf [bœf]	→ les bœufs [bø]	– die Ochsen
l'os [ɔs]	→ les os [o]	– die Knochen
monsieur	→ messieurs	– die Herren
madame	→ mesdames	– die Damen
mademoiselle	→ mesdemoiselles	– die Fräulein
les ciseaux	→ des paires de ciseaux	– die Scheren
les lunettes	→ des paires de lunettes	– die Brillen

5. Die deutsche Sprache verwendet bei Preisangaben und bei der Uhrzeit die Einzahl.
   Beispiel: 3 Mark, 5 Franc, 10 Uhr...
   Im Französischen steht die Mehrzahl.
   Beispiel: 3 marks, 5 francs, 10 heures...

Leichte Übungen

I. Bilde die Mehrzahl. (siehe Absatz 2)

1. un Français – deux ________________
2. un pays – deux ________________
3. une nation – deux ________________
4. un repas – deux ________________ (Mahlzeiten)
5. un jour – deux ________________
6. un mois – deux ________________ (Monate)
7. un fils – deux ________________ (Söhne)
8. une fille – deux ________________ (Töchter)

II. Bilde die Mehrzahl. (siehe Absatz 3–4)

1. un tableau – deux ________________ (Bilder)
2. un animal – deux ________________ (Tiere)
3. un signal – deux ________________
4. un travail – deux ________________
5. un oiseau – deux ________________ (Vögel)
6. un chapeau – deux ________________
7. un manteau – deux ________________ (Mäntel)
8. un œil – deux ________________

III. Bilde die Mehrzahl. (siehe Absatz 5)

1. On va au cinéma?
   – Oui, je veux bien. A quelle heure?
   – Eh bien, disons à 6 __________ (heure).
2. – C'est combien, un billet?
   – Je crois que c'est 50 __________ (franc).
3. – Bien, je serai chez toi à 5 __________ (heure) et demie.

Schwierigere Übungen

IV. Employez le pluriel.

1. Deux __________ (employée) de bureau se promènent.
2. – Tu as salué les deux __________ (monsieur) dans la Mercédès.
3. – Oui, ce sont mes __________ (collègue). Ils signent les __________ (lettre) que je tape à la machine.

V. Employez le pluriel.

Le sculpteur Rodin * vient de terminer une série de figures, neuf femmes en plâtre[1].

1. Il les appelle les neuf __________ (Muse).
   Le jour suivant, un riche Américain achète deux des figures.
2. Rodin appelle les autres les sept __________ (péché capital[2]).
3. Un nouvel Américain ayant emporté deux des statues, les autres portent le titre: les cinq __________ (sens[3]).
4. Nouvel acheteur: il ne reste que les quatre __________ (saison[4]).
5. Un autre amateur achète une statue; Rodin se contente de garder chez lui les trois __________ (Grâce[5]).
   Enfin, deux autres figures ayant été achetées, Rodin écrit au socle de la dernière: la solitude[6].

[1]Gips [2]Todsünde [3]Sinn [4]Jahreszeit [5]Grazie [6]Einsamkeit

Der Artikel

1. Die lateinische Bezeichnung für „Geschlechtswort" ist Artikel. Im Deutschen gibt es zwei verschiedene Artikel.

   ➠ den bestimmten Artikel:
   Beispiel: der Hund, die Kuh, das Kaninchen …
   ➠ den unbestimmten Artikel:
   Beispiel: ein Hund, eine Kuh, ein Kaninchen …
   Im Französischen gibt es drei verschiedene Artikel.

   ➠ den bestimmten Artikel:
   Beispiel: le chien, la vache, le lapin …

* Auguste Rodin (1840–1917), sculpteur français

➠ den unbestimmten Artikel:
Beispiel: un chien, une vache, un lapin ...
➠ den „Teilungsartikel" (siehe Seite 19 ff.)

Grammatische Fachausdrücke

Deutsch:	bestimmtes Geschlechtswort	unbestimmtes Geschlechtswort
Lateinisch:	bestimmter Artikel	unbestimmter Artikel
Französisch:	l'article défini	l'article indéfini

2. Die Formen des bestimmten Artikels sind:

	männlich	**weiblich**
Einzahl	le	la
Mehrzahl	les	

Vor einem Wort, das mit Vokal* oder stummem H beginnt, steht statt «le» und «la» nur «l'».

Beispiel: le chien, la vache,
les chiens les vaches

l'éléphant, l'hirondelle, (Schwalbe)
les éléphants les hirondelles

3. Wenn vor dem Artikel ein «à» oder ein «de» steht, kommt es zu Zusammenziehungen**.

➠ à + le = au
à + les = aux
(à + la und à + l' werden nicht zusammengezogen.)
➠ de + le = du
de + les = des
(de + la und de + l' werden nicht zusammengezogen.)
Beispiel: Pierre a menti au père,
à la tante,
à l'oncle,
aux parents.

* Vokale/Selbstlaute sind: a, e, i, o, u. ** Das lateinische Wort ist: Kontraktionen

Pierre a parlé du moteur,
de la voiture,
de l'accident,
des voitures.

Auch im Deutschen gibt es ähnliche Zusammenziehungen: an dem → am, zu der → zur. Im Französischen sind die Zusammenziehungen des Artikels mit «à» und «de» nicht freiwillig, sondern obligatorisch.

4. Die Formen des unbestimmten Artikels sind:

	männlich	**weiblich**
Einzahl	un	une
Mehrzahl	des	

Beispiel: un éléphant, deux éléphants ... des éléphants
une vache, deux vaches ... des vaches

Eine Mehrzahl des unbestimmten Artikels gibt es im Deutschen nicht. «Des» drückt eine unbestimmte Anzahl aus. Im Deutschen steht in diesem Fall das Substantiv *ohne* Artikel.

Leichte Übungen

I. Ergänze den bestimmten Artikel. (siehe Absatz 2)

1. __________ accident – __________ accidents
2. __________ voiture – __________ voitures
3. __________ agent de police – __________ agents de police
4. __________ adresse – __________ adresses
5. __________ oiseau – __________ oiseaux
6. __________ arbre – __________ arbres
7. __________ jardin – __________ jardins
8. __________ maison – __________ maisons

II. Ergänze «à» + Artikel. (siehe Absatz 3)

1. François va __________ école, (l'école, f)
2. __________ cinéma, (le cinéma)
3. __________ piscine, (la piscine)
4. __________ fête. (la fête)
5. Son frère va __________ université. (l'universite, f)

III. Ergänze «de» + Artikel. (siehe Absatz 3)

1. Je me souviens __________ vacances, (les vacances)
2. __________ belle plage, (la plage)
3. __________ hôtel, (l'hôtel, m)
4. __________ touristes, (les touristes)

IV. Ergänze den unbestimmten Artikel. (siehe Absatz 4)

1. __________ nation – __________ nations
2. __________ région – __________ régions
3. __________ frontière – __________ frontières
4. __________ étranger – __________ étrangers
5. __________ gouvernement – __________ gouvernements
6. __________ ministre – __________ ministres

Schwierigere Übungen

V. Employez l'article indéfini.

Je cherche __________ appartement ou __________ studio
avec __________ grand balcon, __________ belle cuisine et deux pièces
dans __________ quartier tranquille de la ville.

VI. Employez l'article indéfini.

1. Une jeune maman parle:
Après la naissance de mon fils, j'ai l'intention de reprendre[1] rapidement mon travail. Avez-vous __________ idée de la manière dont je vais pouvoir faire garder mon bébé?
2. La réponse:
Avez-vous pensé à faire appel à __________ membres[2] de votre famille? Bien entendu, il faudrait __________ personne totalement disponible, qui aime les enfants.
3. Il y a sûrement __________ crèche[3] près de chez vous – ou __________ assistante maternelle (souvent appelée «nourrice»[4]):
4. c'est __________ dame qui garde chez elle __________ enfant avec ses propres enfants.
5. Vous pouvez encore faire appel à __________ étudiante, mais c'est souvent de courte durée.
6. Je conseillerais à __________ jeune maman __________ interruption de travail pour __________ année, ou plus.

[1]wieder aufnehmen [2]Mitglied [3]Kinderkrippe [4]Amme

Der „Teilungsartikel"

1. Was ein „Teilungsartikel" ist, kann man vom Deutschen her nicht verstehen: im Deutschen gibt es keine Teilungsartikel. Den Gebrauch kann man aus dem folgenden Text erkennen.
   Beispiel: A la station-service
   Vous prenez du super? Combien?
   (Sie nehmen ■ Super?)
   – 30 litres.
   Je vérifie l'huile?
   – Oui, monsieur.
   Il manque de l'huile.
   (Es fehlt ■ Öl.)
   – Combien?
   Je vais ajouter un demi-litre.
   Der Teilungsartikel bezeichnet eine unbestimmte Menge:
   Beispiel: Vous prenez du super?
   – Nehmen Sie Super?
   (Der Tankwart weiß noch nicht, wieviel.)
   Il manque de l'huile.
   – Es fehlt Öl.
   (Die genaue Menge ist noch unklar.)
   Im Deutschen wird die unbestimmte Menge ausgedrückt, indem das Substantiv ohne Artikel gebraucht wird.

Grammatische Fachausdrücke

Deutsch:	„Teilungsartikel"	unbestimmte Menge
Lateinisch:	–	–
Französisch:	l'article partitif	une partie d'un tout

2. Die Formen des Teilungsartikels sind :

	männlich	**weiblich**
Einzahl	du	de la
Mehrzahl	des	

Vor einem Substantiv, das mit Vokal oder stummem H beginnt, steht statt «du» und «de la» nur «de l'».
Beispiel: On mange du pain, de la viande, des légumes.
On boit de l'eau minérale, du vin …

Der Gebrauch eines Teilungsartikels ist für den Deutschsprechenden ungewohnt. Erschwerend kommt hinzu, daß in zwei Fällen statt des Teilungsartikels nur «de» gebraucht werden darf (siehe Absatz 3–4) und daß in weiteren Fällen kein Teilungsartikel steht, wo man ihn eigentlich erwartet (siehe Absatz 5–6).

3. Nach Mengenangaben steht nur «de».
   Mengenangaben sind zum Beispiel: beaucoup – viel, assez – genug, peu – wenig, trop – zuviel, plus – mehr, moins – weniger; un kilo, une bouteille, un morceau ...
   Beispiel: Mme Dubois boit son café avec un peu de lait et avec beaucoup de sucre. – Mme Dubois trinkt ihren Kaffee mit ein wenig Milch und viel Zucker.
   M. Dubois mange un morceau de fromage; il boit un verre de vin rouge. – M. Dubois ißt ein Stück Käse und trinkt ein Glas Rotwein.
   Es gibt einige Ausnahmen:
   Der Teilungsartikel steht nach la plupart – die meisten, bien – ziemlich viel, une partie – ein Teil, la moitié – die Hälfte.
   Beispiel: la plupart du vin français
   la plupart des touristes
   bien du vin français
   bien des touristes
   une partie des légumes
   la moitié du fromage

4. Nach Verneinung steht nur «de»:
   ne ... pas de, ne ... plus de, ne ... jamais de.
   Beispiel: Aujourd'hui on ne mange pas de viande, on mange du poisson. – Heute essen wir kein Fleisch, wir essen Fisch.
   Pour demain il n'y a plus de vin, il faut en acheter. – Für morgen haben wir keinen Wein mehr, man muß welchen kaufen.
   Auch hier gibt es eine Ausnahme:
   Wenn «être» verneint wird, steht der Teilungsartikel.
   Beispiel: Ce n'est pas du cidre, c'est du jus de pommes. – Das ist kein Cidre, das ist Apfelsaft.
   Alain et Serge ne sont pas des amis. – Alain und Serge sind keine Freunde.

5. Kein Teilungsartikel steht nach «sans» (ohne).
   Beispiel: M. Dubois a oublié son portemonnaie, il est parti sans ■ argent. – M. Dubois hat sein Portemonnaie vergessen, er ist ohne Geld weggegangen.
   Cette lettre est sans ■ importance. – Dieser Brief ist ohne Bedeutung.

6. In einigen Redewendungen steht kein Teilungsartikel und kein «de»:

avoir envie	–	Lust haben
avoir faim	–	Hunger haben
avoir soif	–	Durst haben
avoir peur	–	Angst haben
avoir pitié	–	Mitleid haben
avoir raison	–	recht haben
avoir tort	–	unrecht haben
demander pardon	–	um Verzeihung bitten
faire attention	–	aufpassen
faire plaisir	–	Freude bereiten
perdre courage	–	den Mut verlieren
perdre patience	–	die Geduld verlieren
rendre service	–	einen Dienst erweisen

Leichte Übungen

I. Ergänze den Teilungsartikel oder «de». (siehe Absatz 2-3)

Tu vas au marché?

1. Eh bien apporte-moi ________ beurre, Combien ________ beurre?
   500 grammes ________ beurre.
2. ________ fromage, Combien ________ fromage?
   Un kilo ________ fromage.
3. ________ légumes, Combien ________ légumes?
   Assez ________ légumes pour le déjeuner.
4. ________ salade, Combien ________ salade?
   Pas beaucoup ________ salade.
5. et ________ sucre.

II. Ergänze – wenn erforderlich – den Teilungsartikel oder «de». (siehe Absatz 2, 3 und 6)

1. J'ai ________ soif.
2. Tu peux boire ________ lait, ________ thé, ________ café, ________ eau minérale ...
3. J'ai ________ faim aussi.
4. Tu peux manger ________ potage[1], ________ pain, ________ jambon[2], ________ salade, ________ fruits ...
5. Je prends ________ pain et ________ beurre et un morceau ________ fromage.

[1]Suppe [2]Schinken

Schwierigere Übungen

III. Ajoutez l'article partitif ou «de».

1. Pour faire _______ crêpes[1], il faut 2 œufs, 75 grammes _______ farine[2], une tasse _______ lait, un peu _______ sel, _______ sucre, _______ oranges et 2 verres _______ Cointreau.

2. Pour faire une soupe à l'oignon[3], il faut 500 grammes _______ oignons, un litre _______ bouillon, un verre _______ vin blanc, un petit verre _______ cognac, un peu _______ sel et un peu _______ poivre[4], _______ ail[5] et _______ fromage râpé[6].

[1]Eierkuchen [2]Mehl [3]Zwiebelsuppe [4]Pfeffer [5]Knoblauch [6]gerieben

IV. Traduisez.

1. Zeit ist Geld. (Die Zeit, das ist Geld.)
2. Geld stinkt nicht. (Das Geld hat keinen Geruch[1].)
3. Es gibt keinen Rauch[2] ohne Feuer.
4. Man macht keine Omeletten, ohne Eier zu zerschlagen[3].
5. Keine Neuigkeiten[4], gute Neuigkeiten.

[1]l'odeur [2]la fumée [3]casser [4]la nouvelle

Les pronoms
Die Pronomen

Das Personalpronomen

1. Das Wort „Pronomen" kommt aus dem Lateinischen und bedeutet: „für ein Nomen" (= an der Stelle eines Substantivs/Hauptworts).
   Der Busfahrer ist aufmerksam.

   Er ist aufmerksam.

   Die Ferien sind zu Ende.

   Sie sind zu Ende.

   In diesen beiden Beispielen sind die Pronomen das Subjekt im Satz. Nach dem Subjekt fragt man: „Wer oder was ...?"

Grammatische Fachausdrücke

Deutsch:	Fürwort	persönliches Fürwort	Satzgegenstand
Lateinisch:	Pronomen	Personalpronomen	Subjekt
Französisch:	le pronom	le pronom personnel	le sujet

2. Im Französischen gibt es 2 Formen von Personalpronomen:

Personalpronomen ①	Personalpronomen ②
je	moi
tu	toi
il	lui
elle	elle
nous	nous
vous	vous
ils	eux
elles	elles

Die Personalpronomen in der Spalte ① heißen „verbundene Personalpronomen": sie werden gebraucht, wenn das Pronomen mit seinem Verb verbunden ist.

Je	_	téléphone	à ma mère. – Ich rufe meine Mutter an.
Elle	n'	est	pas là. – Sie ist nicht da.
Je	l'	essaie	une heure plus tard. – Ich versuche es eine Stunde später.

Allô, maman, comment | vas | – | tu | ? – Hallo, Mama, wie geht es dir?

Die Pronomen in der Spalte ② heißen „unverbundene Personalpronomen" oder „betonte Personalpronomen". Aus diesen Bezeichnungen erkennt man den Gebrauch.

➠ Die Pronomen der Spalte ② stehen allein, ohne Verb.
Beispiel: J'ai un chien. Et toi? – Ich haben einen Hund. Und du?
Moi? Non, je n'ai pas de chien. – Ich? Nein, ich habe keinen Hund.

➠ Die Pronomen der Spalte ② stehen, wenn sie vom Verb getrennt sind, zum Beispiel durch seul, même, ein Adjektiv, einen Satz ...
Beispiel: Toi seul n'as pas de chien? – Du allein hast keinen Hund?
Maintenant mon père aime le chien,
lui, qui ne voulait pas de chien, le caresse. – Jetzt liebt mein Vater den Hund, er, der keinen Hund wollte, streichelt ihn.
Mes amis aiment le chien,
eux, quand ils sont ici, ne jouent qu'avec le chien. – Meine Freunde lieben den Hund, wenn sie hier sind, spielen sie nur mit dem Hund.

➠ Die Pronomen der Spalte ② stehen zur Betonung.
Beispiel: Moi, j'aime le petit chien. – Ich liebe den kleinen Hund.
Et ton père? – Und dein Vater?
Lui, il aime le chien aussi. – Er liebt ihn auch.

3. Im Französischen gibt es – wie im Deutschen – ein besonderes Personalpronomen, mit dem man beim Sprechen oder Schreiben die Höflichkeit ausdrückt: vous.
Beispiel: Que voulez-vous, Monsieur? – Was wünschen Sie, mein Herr?
Vous permettez, Madame? – Sie gestatten, Madame?

4. Besondere Schwierigkeiten macht die Übersetzung von „es". Drei Wörter bieten sich an: «ce», «il» und «cela».

- «Ce» (vor Vokal: «C'») steht vor «être».
  C'est bien. – Es ist gut.
  C'est ma valise. – Es ist mein Koffer.
  Beim Sprechen kann auch «cela» vor «être» stehen:
  Cela n'est pas vrai.
- «Il» steht vor unpersönlichen Verben*.
  Il faut se dépêcher. – Es ist nötig, sich zu beeilen.
  Il semble. – Es scheint.
  Il pleut, il fait mauvais temps. – Es regnet, es ist schlechtes Wetter.
- «Cela» steht vor allen anderen Verben.
  Cela vous étonne? – Es wundert Sie?
  Cela m'amuse. – Es amüsiert mich.
  Beim Sprechen wird «cela» auf «ça» verkürzt: Ça va bien.

Einfache Übungen

I. Setze die Personalpronomen ein. (siehe Absatz 2)

Sandrine montre son chien.

1. C'est mon chien: Chouchou. Comment le trouves- _______? (tu/toi)
_______, je l'aime. Mon père? _______, qui ne voulait pas de chien, le caresse. Mes amis? _______, quand ils sont ici, ne jouent qu'avec le chien. (je/moi, il/lui) (ils/eux)
2. Et _______? _______ as un chien? (tu/toi, tu/toi)

II. Setze die Personalpronomen ein. (siehe Absatz 3-4)

Deux garçons, Eric et Pierre:

1. Eric: _______ ai un chat, et _______? (j'/moi, tu/toi)
2. Pierre: _______? (je/moi)
3. Eric: Est-ce que _______ as aussi un chat? (tu/toi)
4. Pierre: Non, mais _______ ai un lapin[1]. Et _______? (j'/moi, tu/toi)
5. Est-ce que _______ aimes les lapins? (tu/toi)
6. Eric: Non, _______ aime mon chat. (j'/moi)

[1] Kaninchen

* Unpersönliche Verben können nicht mit „ich", „du"... gebildet werden. Man kann nur sagen: Es ist nötig, es regnet...

III. Setze die Personalpronomen ein. (siehe Absatz 2)

Deux filles, Nadine et Yvonne:	
1. Nadine: Ce soir, _______ vais à la discothèque.	(je/moi)
2. Yvonne: _______ aussi. Et ton frère?	(je/moi)
3. Nadine: _______ aussi, _______ va avec nous.	(il/lui, il/lui)
4. Demain, _______ vais chez Simone. Et _______?	(je/moi, tu/toi)
5. Yvonne: _______, _______ y vais aussi.	(je/moi, je/moi)
6. Nadine: Très bien. _______ apporteras les	(tu/toi)
disques? _______, _______ apporterai les boissons[1].	(je/moi, je/moi)

[1]Getränke

IV. Setze die Personalpronomen ein. (siehe Absatz 2)

1. Sandrine: Cet été[1], _______ vais en Bretagne.	(je/moi)
2. Et _______?	(tu/toi)
3. Simone: _______ aussi, _______ vais en Bretagne.	(je/moi, je/moi)
4. Sandrine: Où vas-_______?	(tu/toi)
5. Simone: _______ vais à Carnac.	(je/moi)
6. Sandrine: Et ton frère?	
Simone: _______, _______ va avec nous.	(il/lui)

[1]Sommer

Schwierigere Übungen

V. Ajoutez les pronoms personnels.

Anne parle de son professeur qu'elle aime:	
1. Tout nous sépare: _____, _____ est mon professeur	(il/lui, il/lui)
de gymnastique, _______ a 38 ans. _______,	(il/lui, je/moi)
_______ en ai 18. _______ est marié.	(j'/moi, il/lui)
Nous savons très bien, que _____ ne durera[1] pas.	(ce/il/cela)
2. Vaut-_______ mieux[2] nous quitter maintenant?	(ce/il/cela)
3. Ma réponse:	
Vingt ans vous séparent, _______ est ton prof.	(il/lui)
4. A mon avis, s' _______ avait une âme[3]	(il/lui)
généreuse[4], _______ te rendrait ta liberté.	(il/lui)
5. _______ a tout à gagner à prolonger cette	(il/lui: Betonung)
situation: _______ garde sa femme et sa jeune	(il/lui)
maîtresse. _______, _______ as tout à perdre.	(tu/toi, tu/toi)

[1]andauern [2]ist es besser [3]Seele [4]edel

6. Quand _______ te quittera, _______, un jour, restes seule et triste. Aie le courage de rompre[1]. | (il/lui, tu/toi)

[1] brechen

VI. Soulignez les pronoms personnels qui expriment la politesse et qui sont le sujet de la phrase.

1. – Comment dépensez-vouz votre argent?
2. – Quand vous allez dans un supermarché, achetez-vous uniquement[1] ce que vous aviez décidé d'acheter?
3. – Vous rappelez-vous généralement le prix exact de ce que vous avez acheté?
4. – Pourriez-vous dire immédiatement[2] et sans vous tromper[3] combien vous avez sur votre compte en banque en ce moment?
5. – Avez-vous un peu honte[4] de sortir d'un magasin les mains vides si le vendeur s'est donné du mal?

[1] nur [2] sofort [3] irren [4] Scham

(TEST, d'après «Le Parisien»)

Das Objektpronomen

1. Im vorhergehenden Abschnitt wurde erklärt, daß das Personalpronomen für ein Substantiv steht, das Subjekt im Satz ist.
Beispiel: Der Busfahrer ist aufmerksam.
Er ist aufmerksam.

Das Personalpronomen kann auch für ein Substantiv stehen, das Objekt im Satz ist.
Beispiel: Der Autofahrer findet die Straße nicht.
Der Autofahrer findet sie nicht.
Er fragt einen Passanten.
Er fragt ihn.

Nach dem Objekt fragt man „Wem oder was ...?" (Dativobjekt) oder „Wen oder was ...?" (Akkusativobjekt).
Im Französischen wird jedoch nicht zwischen Dativobjekt und Akkusativobjekt unterschieden, sondern zwischen direktem (Od) und indirektem (Oi) Objekt. In beiden Sprachen gibt es zusätzlich das präpositionale Objekt (Op).

Beispiel: Le conducteur ne trouve pas la rue.
Le conducteur ne la trouve pas. (Od)
Il demande à un passant.
Il lui demande. (Oi)
Le passant parle longuement avec le conducteur.
Le passant parle longuement avec lui. (Op)

Od: Das direkte Objekt heißt so, weil es „direkt“ (ohne Präposition) mit dem Verb verbunden ist.

Oi: Das indirekte Objekt heißt so, weil es „indirekt“ (mit der Präposition «à») mit dem Verb verbunden ist.

Op: Das präpositionale Objekt ist mit einer anderen Präposition als «à»* mit dem Verb verbunden.

Für alle drei Arten von Objekten gibt es verschiedene Objektpronomen.

Grammatische Fachausdrücke

Deutsch:	-	-
Lateinisch:	direktes Objektpronomen	indirektes Objektpronomen
Französisch:	le pronom personnel object direct (Od)	le pronom personnel object indirect (Oi)

Deutsch:	-
Lateinisch:	präpositionales Objektpronomen
Französisch:	le pronom personnel avec préposition (Op)

2. Die Formen

Direktes (Od) Objektpronomen	Indirektes (Oi) Objektpronomen	Präpositionales Objektpronomen (Op)
me, m'	me, m'	moi
te, t'	te, t'	toi
le, l'	lui	lui
la, l'	lui	elle
nous	nous	nous
vous	vous	vous
les	leur	eux
les	leur	elles

*Präpositionen sind zum Beispiel: de, après (nach), avant (vor), avec (mit), chez (bei), contre (gegen), dans (in), depuis (seit), derrière (hinter), devant (vor), entre (zwischen), malgré (trotz), par (durch), parmi (zwischen), pendant (während), pour (für), près (bei), sans (ohne), sous (unter), sur (über).

«M'», «t'», «l'» stehen vor Wörtern, die mit Vokal oder stummem H beginnen.
Beispiel: Je vois M. Dubois. – Ich sehe M. Dubois.
Je le vois, il me voit aussi. – Ich sehe ihn, er sieht mich auch. (voir qn* = Od)
Il me dit bonjour. – Er sagt mir guten Tag.
Je lui dis aussi bonjour. – Ich sage ihm auch guten Tag. (dir à qn* = Oi)
Il parle longtemps avec moi. – Er spricht lange mit mir. (parler avec qn* = Op)
Nous parlons de Mme Dubois, nous parlons d'elle. – Wir sprechen von Mme Dubois, wir sprechen von ihr. (parler de qn* = Op)
Die Form «vous» wird auch zum Ausdruck der Höflichkeit beim Sprechen und Schreiben gebraucht (Deutsch: Sie, Ihnen).

3. An welcher Stelle steht das Pronomen als Objekt im Satz?
Vier Regeln sind zu beachten:

➡ Das direkte und das indirekte Objektpronomen stehen *vor* der Verbform (im Gegensatz zum Deutschen).

Beispiel: Je le vois.	Ich sehe ihn.
Il me dit bonjour.	Er sagt mir „Guten Tag".
Elle ne me voit pas.	Sie sieht mich nicht.
Je l'ai vue.	Ich habe sie gesehen.

➡ Das präpositionale Objektpronomen steht *hinter* der Verbform (wie im Deutschen).
Beispiel: Il parle avec moi. – Er spricht mit mir.
Nous parlons d'elle. – Wir sprechen von ihr.

➡ Das direkte und das indirekte Objektpronomen stehen *vor* dem Infinitiv (wie im Deutschen).**
Beispiel: Je vais le voir. – Ich werde ihn sehen.
Je veux lui dire bonjour. – Ich werde ihm guten Tag sagen.

* qn ist die geläufige Abkürzung für quelqu'un (= jemand, jemanden ...)
** Infinitiv ist die Grundform des Verbs: sehen, sprechen ...

Es gibt einige Ausnahmen:

Beispiel: Je l'entends parler.	Ich höre ihn sprechen.
Je le fais venir.	Ich lasse ihn kommen.
Je le laisse entrer.	Ich lasse ihn eintreten.

➠ Die Objektpronomen stehen *hinter* der Befehlsform (Imperativ), wie im Deutschen. Statt «me» und «te» werden «moi» und «toi» gebraucht.

Beispiel: Dis-le. – Sag es!

Ecoute-moi. – Hör mir zu!

Dépêche-toi. – Beeil dich!

➠ Die Objektpronomen stehen aber *vor* der verneinten Befehlsform (im Gegensatz zum Deutschen).

Beispiel: Ne le dis pas. | Sag es nicht.

4. Es kommt gelegentlich vor, daß zwei Objektpronomen im selben Satz gebraucht werden. Es reicht aus, wenn man die wichtigste Regel für die Reihenfolge der Objektpronomen kennt:
«Me», «te», «nous», «vous» (indirekte Objektpronomen) stehen vor «le», «la», «les» (direkte Objektpronomen), und die stehen vor «lui», «leur» (indirekte Objektpronomen).

Beispiel:				
Il	me	le		dit.
Je		le	lui	demande.
Tu	nous	le		donnes?
Je		le	leur	donne.

Leichte Übungen

I. Ersetze die unterstrichenen Substantive durch ein Pronomen. (siehe Absatz 2–3)

Mademoiselle Duparc va au musée.

1. Elle aime la peinture[1]: Elle __________.
2. Elle admire les tableaux[2]: Elle __________.
3. Elle regarde une statue de Rodin: Elle ________.
4. Elle connaît un peintre: Elle ________dessinée.
5. Il a dessiné Mlle Duparc: Il __________.
6. Elle possède ce tableau: Elle __________.

[1]Malerei [2]Bilder

II. Ersetze die unterstrichenen Substantive durch ein Pronomen. (siehe Absatz 2–3)

Mademoiselle Duparc aime la littérature.

1. Elle lit les romans: Elle __________.
2. Elle n'aime pas les romans policiers: Elle __________.
3. Elle préfère les chansons: Elle __________.
4. Elle a fait des poèmes[1]: Elle __________ faits.
5. Elle a lu ses poèmes à ses amis: Elle __________ lus à ses amis.
6. Mais elle ne veut pas publier ses poèmes: Elle __________.

[1]Gedichte

III. Ersetze die unterstrichenen Substantive durch ein Pronomen. (siehe Absatz 2–3)

Sandrine fête son anniversaire[1] .

1. Son cousin lui écrit une carte postale. Son cousin __________.
2. Sa mère lui donne une belle robe. Sa mère __________.
3. Son ami lui apporte des fleurs. Son ami __________.
4. Sa petite nièce a fait un dessin[2] pour elle. Sa petite nièce __________.

[1]Geburtstag [2]Zeichnung

IV. Vervollständige die Sätze. (siehe Absatz 2)

Sandrine et son ami:

1. – Ces belles fleurs sont __________?	(für mich)
2. – Oui, elles sont __________. J'ai encore	(für dich)
un autre cadeau __________. Voici deux billets	(für dich)
de théâtre. Tu vas __________ au théâtre?	(mit mir)
3. – Volontiers[1], c'est un plaisir d'aller au	
théâtre __________.	(mit dir)
4. – Après la représentation, on prend encore un	
verre de champagne __________.	(bei mir)

[1]Gern

Schwierigere Übungen

V. Remplacez les noms entre parenthèses par des pronoms.

1. La Callas, la célèbre cantatrice[1], s'est présentée un jour au bureau de poste pour retirer ses lettres[2]. L'employé a prié(e) (La Callas) de donner son passeport (à l'employé).

2. Elle avait oublié (le passeport) chez (La Callas).
   – Je suis La Callas, Monsieur.
3. – Toute dame peut dire qu'elle est La Callas, répond l'employé (à la Callas).
4. – Mais je peux prouver[3] (ceci).
   Et elle a commencé à chanter la «Traviata»[4] de sa belle voix.
5. – Cela suffit, dit l'employé plein d'admiration (à la Callas), et a donné ses lettres (à la Callas).

[1]Sängerin [2]Briefe [3]beweisen [4]Opéra de Verdi

VI. Remplacez les noms entre parenthèses par des pronoms.

1. Papa ramasse[1] le mouchoir de Christophe.
   – Pourquoi as-tu fait un nœud[2] à ton mouchoir?
   – C'est maman qui m'a fait (le nœud) pour rappeler (Christophe) de mettre sa lettre à la boîte.
2. – Tu y as mis(e) (la lettre)?
3. – Non, maman a oublié de me donner (la lettre).

[1]aufheben [2]Knoten

VII. Complétez le texte.

Mme Dubois et Mlle Duparc parlent:	
1. Mme Dubois: Mon mari ________ aime ________,	(mich)
________ dit ________,	(mir es)
________ prouve[1] ________,	(mir es)
mais il ne ________ aide ________ pas	(mir)
à la maison.	
2. Mlle Duparc: Votre mari fait sans doute partie	
de ceux qui pensent que les travaux ménagers[2]	
sont seulement aux femmes. Mais faire la cuisine	
est un plaisir. ________ dites ________.	(es ihm)
Il comprendra sûrement.	

[1]beweisen [2]Hausarbeiten

VIII. Complétez le texte.

Thérèse parle avec Véronique de son ami:	
1. Pendant une année, nous avons vécu un bonheur	
parfait. Depuis quelque temps, je _______ trouve	(ihn)
moins tendre[1]; il vient de rompre en _______	(mich)

[1]zärtlich

demandant de rester son amie. Il est en chômage[1] et cela, _______ dit-il, _______ est insupportable[2]. (mir – ihm)

2. Je ne demande qu'à _______ aider. Il a besoin de _______. Je vais _______ inviter chez _______, nous sortons ensemble pour des promenades. (ihm) (mich – ihn – mir)
3. Je ferai tout ce qu'il _______ est possible pour détourner ses pensées, je ferai tout pour _______. (mir) (ihn)

[1]Arbeitslosigkeit [2]unerträglich

Das Demonstrativpronomen

1. Demonstrativpronomen heißt auf deutsch „hinweisendes Fürwort". Man braucht es, wenn man auf etwas hinweisen will. Man steht zum Beispie im Café und zeigt auf ein Kuchenstück: „Ich möchte diesen Kuchen." Ein anderer Gast weist auf eine andere Torte und sagt: „Ich glaube, diese Torte schmeckt noch besser."
   Das Französische unterscheidet (im Gegensatz zum Deutschen) zwei Demonstrativpronomen, je nachdem, ob das Demonstrativpronomen vor einem Substantiv oder allein steht.

➡ *L'adjectif démonstratif:*

Beispiel: ce gâteau — dieser Kuchen; cette tarte — diese Torte

➡ *Le pronom démonstratif:*
Beispiel: Je veux celui-ci. – Ich möchte diesen.
Celle-ci me plaît. – Diese gefällt mir.

Grammatische Fachausdrücke

Deutsch:	hinweisendes Fürwort	
Lateinisch:	Demonstrativpronomen	
Französisch:	l'adjectif démonstratif	le pronom démonstratif

2. Die Formen des *adjectif démonstratif* sind:

	männlich	**weiblich**
Einzahl	ce	cette
Mehrzahl	ces	

Beispiel: ce monsieur, cette dame,
ces gens

3. Beim Gebrauch des Demonstrativpronomens gibt es drei besondere Schwierigkeiten:

- Statt «ce» steht «cet» vor männlichen Wörtern, die mit Vokal oder stummem H beginnen.
  Beispiel: cet ami, cet homme,
  cet ancien camarade
- Es gibt nur eine Form für die Mehrzahl: ces.
  Beispiel: ce monsieur, ces messieurs
  cette dame, ces dames
  cette cousine, ces cousines
- Das *adjectif démonstratif* hat vor Tageszeiten eine Sonderbedeutung (wie im Englischen):
  Beispiel: ce matin – this morning – heute morgen
  ce soir – this evening – heute abend

4. Die Formen des *pronom démonstratif* sind:

	männlich	**weiblich**	**sächlich**
Einzahl	celui (-ci)	celle (-ci)	ce, ceci
Mehrzahl	ceux (-ci)	celles (-ci)	-

5. Wann muß die kürzere Form «celui ...» gebraucht werden, wann die längere Form «celui-ci ...»?

- «Celui» (ohne «-ci») wird vor «de» gebraucht.
  Beispiel: Voici les deux vélos:
  C'est celui de Véronique.
  Et l'autre, c'est celui de ma femme.

➠ «Celui» (ohne «-ci») wird vor Relativsatz (siehe Seite 129) gebraucht.
Beispiel: Voici les deux vélos:
Celui que j'ai acheté pour moi-même
et celui qui appartient à ma femme.

➠ In allen anderen Fällen wird «celui-ci ...» gebraucht.
Beispiel: Voici deux vélos:
Prends celui-ci ou celui-là.
Celui-ci est plus léger.

Leichte Übungen

I. Ergänze das adjectif démonstratif. (siehe Absatz 2–3)

1. _________ dame _________ dames
2. _________ monsieur _________ messieurs
3. _________ enfant _________ enfants
4. _________ garçon _________ garçons
5. _________ jeune fille _________ jeunes filles
6. _________ personne _________ personnes

II. Ergänze das adjectif démonstratif. (siehe Absatz 2–3)

Dans un magasin de vêtements:

1. _______ veston[1] est beau. (le veston)
2. _______ chemise est belle. (la chemise)
3. _______ cravate me plaît beaucoup. (la cravate)
4. _______ pull me va très bien. (le pull)
5. Regarde _______ robe, elle est magnifique. (la robe)
6. _______ chaussures sont bon marché. (la chaussure)
7. Mais _______ fourrure[2] est très chère. (la fourrure)
8. J'ai besoin de _______ imperméable[3]. (l'imperméable, m)
9. et de _______ gants. (le gant)
10. Comment trouves-tu _______ chapeau? (le chapeau)
11. _______ chapeaux sont modernes.
12. Moi, je préfère _______ béret[4]. (le béret)
13. Ce que je vais acheter,
c'est _______ anorak pour l'hiver. (l'anorak, m)

[1]Jacke [2]Pelz [3]Regenmantel [4]Mütze

III. Ergänze das pronom démonstratif. (siehe Absatz 4–5)

1. – Vous désirez un anorak, madame? Quelle est votre taille[1]?
   – 42, madame.
   – Eh bien, __________ est de votre taille.
2. – Je préfère __________ qui est bleu.
3. – Il est de bonne qualité, mais plus cher que __________.
4. – Je prends __________ qui est le moins cher.

[1]Größe

Schwierigere Übungen

IV. Ajoutez le pronom démonstratif.

Je lis dans un journal:

1. LE BONHEUR VIENT VERS __________ QUI CROIENT EN LUI. Chantal, 37 ans, maman d'un adorable[1] petit garçon de 4 ans, ne veut plus rester seule.
2. Elle s'adresse à __________ qui veulent la rencontrer.

[1]süß

V. Complétez.

1. Une lettre:
   ... Alain est parti faire son service militaire et, dès son retour, nous avons annoncé à nos parents notre intention de nous marier. Mais peu après, __________ que je considérais[1] comme mon fiancé[2] m'a annoncé qu'il ne voulait plus se marier. En le questionnant[3], j'ai pu apprendre, qu'il y a une autre fille dans sa vie. __________ semble être plus riche et plus intelligente que moi ...

2. La réponse:
   ... Le passé est le passé, inutile maintenant d'y revenir. De toute manière __________ garçon n'aurait sûrement pas fait un bon mari: __________ qui est fiancé avec vous ne peut pas sortir avec une autre. Je pense que vous auriez grand intérêt à vous tourner vers l'avenir[4]. __________ doit être radieux[5] pour une jeune femme comme vous.

[1]halten für [2]Verlobter [3]befragen [4]Zukunft [5]glänzend

Das Possessivpronomen

1. Possessivpronomen sind besitzanzeigende Fürwörter. Der Name sagt, wozu man sie braucht:
   Beispiel: mein Hund, — mon chien,
   sein Haus, — sa maison,
   mein Auto, — ma voiture
   seine Familie — sa famille

Grammatische Fachausdrücke

Deutsch:	besitzanzeigendes Fürwort
Lateinisch:	Possessivpronomen
Französisch:	l'adjectif possessif

2. Die Formen des Possessivpronomens sind:

	männlich	weiblich
Einzahl	mon oncle ton oncle son oncle son oncle	ma tante ta tante sa tante sa tante
	notre oncle/tante votre oncle/tante leur oncle/tante	
Mehrzahl	mes oncles/tantes tes oncles/tantes ses oncles/tantes ses oncles/tantes nos oncles/tantes vos oncles/tantes leurs oncles/tantes	

«Votre» und «vos» werden auch als Höflichkeitsformen beim Schreiben und Sprechen verwendet.

Beispiel: Votre mari va bien, madame? – Ihrem Mann geht es gut, Madame?
Et vos enfants? – Und Ihren Kindern?

3. Beim Gebrauch der Possessivpronomen gibt es drei Schwierigkeiten

- Statt «ma», «ta», «sa» wird vor weiblichen Wörtern, die mit Vokal oder stummem H beginnen, «mon», «ton», «son» gebraucht.
  Beispiel: Brigitte est chez son amie Anne. –
  Brigitte ist bei ihrer Freundin Anne.
  Elle lui a raconté son histoire avec Alain. –
  Sie hat ihr ihre Geschichte mit Alain erzählt.
- «Son», «sa», «ses» bedeutet im Deutschen sowohl „sein(e)" als auch „ihr(e)".
  Beispiel: Mon oncle cherche son parapluie. –
  ... seinen Regenschirm.
  Ma tante cherche son parapluie. –
  ... ihren Regenschirm.
- Die Übersicht zeigt (siehe Seite 37), daß die beiden Formen «leur» und «leurs» unterschieden werden müssen:
  Luc et Pierre parlent de leur oncle.

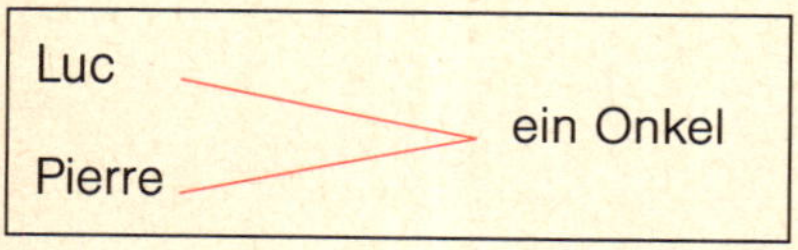

Beide haben einen Onkel.

Luc et Pierre parlent de leurs oncles.

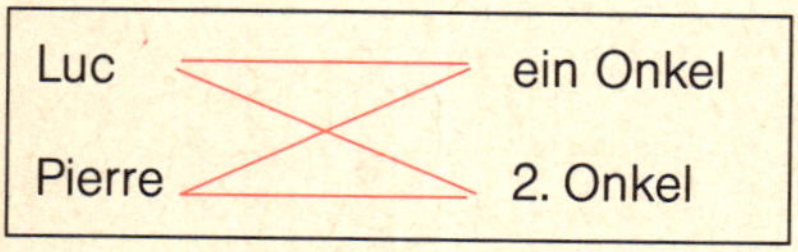

Sie haben mehrere Onkel.

Leichte Übungen

I. Ergänze die Possessivpronomen. (siehe Absatz 2-3)

	Mme Dubois prend ...	M. Dubois prend aussi ...
1.	__________ parapluie,	__________ parapluie,
2.	__________ manteau,	__________ manteau,
3.	__________ gants[1],	__________ gants,
4.	__________ chapeau.	__________ chapeau.

5. Les deux partent avec __________ voiture.
6. Ils veulent passer la soirée chez __________ amis.

[1] Handschuh

II. Ergänze die Possessivpronomen. (siehe Absatz 2-3)

Le douanier:	Le touriste:
1. Ce sont ________ papiers?	Oui, ce sont ________ papiers.
2. C'est ________ nom?	Oui, c'est ________ nom.
3. C'est ________ adresse?	Oui, c'est ________ adresse.
4. C'est ________ valise?	Oui, c'est ________ valise.
5. C'est ________ sac?	Oui, c'est ________ sac.

III. Ergänze die Possessivpronomen. (siehe Absatz 2)

Mme Martin dit à son mari:

1. – Pour _______ 50e anniversaire, il faut inviter _______ parents, _______ frère avec _______ femme et _______ enfants, _______ voisins, _______ collègues et aussi _______ patron[1].
2. – Tu as oublié _______ cousin Armand et _______ tante Isabelle.

[1] Chef

IV. Ergänze die Possessivpronomen. (siehe Absatz 3)

1. Dans un jardin public, une dame est assise sur un banc, avec _______ chien.
2. Un monsieur, à côté d'elle, a aussi _______ chien avec lui.

Schwierigere Übungen

V. Ajoutez les adjectifs possessifs.

Philippe et Sylvie vont louer un appartement.

1. Ils parlent de _______ appartement, de _______ meubles, de _______ cuisine, de _______ chambre avec _______ lits.
2. Ils ont acheté des tableaux pour _______ salle à manger.
3. Il y a un garage pour _______ voiture.
4. Philippe dit comment il installera _______ bureau: Il faut des étagères[1] pour _______ livres et un table pour _______ machine à écrire et _______ ordinateur[2].
5. Sylvie possède déjà de la vaisselle[3]. Elle apportera _______ assiettes, _______ fourchettes, _______ couteaux et _______ cuillers, _______ cafetière, _______tasses et _______ lave-vaisselle[4].

[1] Regale [2] Computer [3] Geschirr [4] Geschirrspüler

VI. Ajoutez les adjectifs possessifs.

On lit dans le journal:

1. Pendant que _______ victimes[1] regardaient la télévision, deux cambrioleurs[2] ont dérobé des bijoux et de l'argent, dans un pavillon situé 39, rue des Chênes.
2. M. René Sautereau, 62 ans, et _______ épouse[3] ainsi que _______ amis ne se sont pas rendu compte de la présence des cambrioleurs qu'au moment de _______ départ.
3. Ceux-ci se sont enfuis[4] avec _______ moto.

[1]Opfer [2]Einbrecher [3]Ehefrau [4]flüchten

«Tout»

1. «Tout» kann vor einem Substantiv stehen oder allein im Satz. Die Formen sind:

➠ «Tout» vor dem Substantiv:

	männlich	**weiblich**
Einzahl	tout le	toute la
Mehrzahl	tous les [tu lɛ:]	toutes les

Beispiel: tout le village, toute la ville
tous les villages, toutes les villes

➠ «Tout» steht allein (ohne Substantiv):

männlich	**weiblich**	**sächlich**
tous [tus]	toutes	tout

Beispiel: Tous sont venus. – Alle sind gekommen.
Je les connais toutes (= toutes les dames). – Ich kenne sie alle.
Tout est déjà préparé. – Alles ist schon vorbereitet.

2. Es kommt vor, daß «tout», «toute», «tous», «toutes» ohne Artikel vor einem Substantiv stehen. Dann haben sie eine etwas andere Bedeutung.
   Beispiel: toute la maison – das ganze Haus
   toute maison – jedes beliebige Haus

3. An das alleinstehende «tout» wird in folgender Weise ein Relativsatz (siehe Seite 129) angefügt.
   tous ceux qui sont venus ... – alle –, die gekommen sind ...
   toutes celles que je connais ... – alle –, die ich kenne ...
   tout ce que j'ait fait ... – alles –, was ich gemacht habe . .

4. Bei einigen Redewendungen mit «tout» werden häufig Fehler gemacht:

tout_ de suite	(ohne Endung «–e»)
tout_ à l'heure	(ohne Endung «–e»)
en tout_ cas	(mit Endung «-t»)
tout le monde est là	(nach «tout le monde» steht das Verb in der Einzahl)

Leichte Übungen

I. Füge die richtige Form von «tout» ein. (siehe Absatz 1)

1. J'ai lu _______ livre.	(le livre)
2. J'ai vu _______ émission.	(l'émission, f)
3. _______ comédie est amusante.	(la comédie)
4. _______ spectateurs ont applaudi.	(le spectateur)
5. J'aime _________ comédies de Molière.	(la comédie)

II. Füge die richtige Form von «tout» ein. (siehe Absatz 1)

1. Pendant _______ été[1], il y a beaucoup de touristes sur la Côte d'Azur.	(l'été, m)
2. _______ hôtels sont complets.	(un hôtel)
3. Pendant _______ séjour[2], je vais à la plage.	(le séjour)
4. Le soleil brille _______ jours.	(le jour)
5. Pendant _______ saison, il fait très chaud.	(la saison)

[1]Sommer [2]Aufenthalt

III. Füge die richtige Form von «tout» ein. (siehe Absatz 1)

1. Mme Martin a invité _______ amies.	(alle ihre)
2. Et _______ sont venues.	(alle)
3. Elle les salue _______.	(alle)
4. _______ ont apporté un cadeau.	(alle)

Schwierigere Übungen

IV. Complétez le texte.

Après l'accident.	
1. _______ que j'ai entendu, était un bruit sourd[1]. Les autos ont pris feu, presque	(alles, was)
_______ après.	(sofort)
2. Y a-t-il des morts? Non, mais _______ qui étaient dans les	(alle, die)
voitures sont blessés. J'ai averti[2] l'ambulance. C'est _______ que j'ai pu faire.	(alles, was)

[1]dumpf [2]benachrichtigen

V. Complétez le texte.

Une jeune fille dit au garçon avec qui elle sort[1] pour la première fois:

– Ma mère m'a fait jurer de répondre énergiquement «non» à tout _______ que vous me proposez.

– Très bien. Voyez-vous une objection[2] à ce que je vous embrasse[3]?

– Non.

[1]ausgehen [2]Einwand [3]küssen

VI. Traduisez.

1. Alles ist gut, was gut endet.
2. Alle Wege führen[1] nach Rom.
3. Jeder für sich[2], und Gott für alle.
4. Jede (beliebige) Medaille hat ihre Rückseite[3].

[1]mener [2]soi [3]son revers

Das Relativpronomen

1. Ein Relativpronomen leitet einen Relativsatz ein. In den folgenden Beispielen sind die Relativsätze unterstrichen.
   Beispiel: Kennst du die Dame?
   Welche Dame?
   Die Dame, die dort vor dem Schaufenster steht.
   Wie gefällt dir das Auto?
   Was für ein Auto?
   Das rote Auto, das ich mir gekauft habe.

Grammatische Fachausdrücke

Deutsch:	bezügliches Fürwort	Bezugswortsatz
Lateinisch:	Relativpronomen	Relativsatz
Französisch:	le pronom relatif	la proposition relative (siehe Seite 129)

2. Die am häufigsten gebrauchten Relativpronomen sind «qui» und «que».
   «Qui» ist Subjekt im Relativsatz. (Frage: „Wer oder was ...?)
   «Que» ist direktes Objekt im Relativsatz (Frage: „Wen oder was ...?")
   Beispiel: La dame qui est là devant la vitrine ... – Die Dame, die dort vor dem Schaufenster steht ...
   La voiture rouge que j'ai achetée ... – Das rote Auto, das ich gekauft habe ...
   Statt «que» steht nur «qu'» vor Vokal und stummem H.
   Beispiel: Sandrine porte le pull qu'elle a acheté à Paris. – Sandrine trägt den Pullover, den sie in Paris gekauft hat.

3. Der Gebrauch der Relativpronomen ist schwierig, wenn eine Präposition vorausgeht. Drei Möglichkeiten sind zu unterscheiden:
   → «à» + Relativpronomen
   → «de» + Relativpronomen
   → sonstige Präposition + Relativpronomen

4. Wenn «à» vor dem Relativpronomen steht, gibt es neben der Form «à qui» folgende Formen:

	männlich	weiblich
Einzahl	auquel	à laquelle
Mehrzahl	auxquels	auxquelles

Wann wird «à qui» und wann «auquel ...» gebraucht?
Beziehungswort „Person"
Beispiel: C'est Brigitte à qui je pense.
C'est M. Dubois à qui je téléphone.
Beziehungswort „Sache"
Beispiel: C'est ce roman auquel je pense.
C'est cette histoire à laquelle je pense.

5. Wenn «de» vor den Relativpronomen steht, gibt es – neben «de qui» – die Form «dont».
Beziehungswort „Person"
Beispiel: C'est Brigitte de qui j'ai reçu la lettre. – Es ist Brigitte, von der ich einen Brief bekommen habe.
Beziehungswort „Sache"
Beispiel: C'est le roman dont j'ai lu le premier chapitre. – Das ist der Roman, von dem ich das erste Kapitel gelesen habe.
«Dont» bedeutet außerdem „dessen", „deren":
Beispiel: C'est Brigitte dont je connais le père. – Das ist Brigitte, deren Vater ich kenne.

6. Wenn eine sonstige Präposition vor dem Relativpronomen steht, gibt es neben «qui» folgende Formen:

	männlich	weiblich
Einzahl	lequel	laquelle
Mehrzahl	lesquels	lesquelles

Beziehungswort „Person“

Beispiel: Regarde les enfants avec qui Philippe joue. – Sieh die Kinder, mit denen Philippe spielt.

Beziehungswort „Sache“

Beispiel: Regarde les jouets avec lesquels Philippe joue. – Sieh die Spielsachen, mit denen Philippe spielt.

Beachte, daß für «dans lequel» immer «où» gebraucht wird.

Beispiel: C'est l'appartement où j'habite depuis longtemps. – Das ist die Wohnung, in der ich seit langem wohne.
(où = dans lequel)

7. Es gibt Relativpronomen, die kein Beziehungswort haben. Im Deutschen ist dieses Relativpronomen immer „was“. Im Französischen entsprechen ihm «ce qui» und «ce que».
«Ce qui» ist Subjekt im Relativsatz.
«Ce que» ist direktes Objekt im Relativsatz.
Beispiel: Alain parle d'un accident. Enfin il dit:
C'est ce qui s'est passé.
C'est ce que j'ai voulu raconter.
Ce que je ne sais pas, c'est s'il y a des blessés graves.

8. Wenn vor «ce que» eine Präposition steht, die zum Relativsatz gehört, muß «quoi» verwendet werden.
Beispiel: Je veux savoir de quoi Alain a parlé. – Ich möchte wissen, wovon Alain gesprochen hat.
Dis-moi à quoi tu penses. – Sag mir, woran du denkst!

Leichte Übungen

I. Ergänze «qui» oder «que». (siehe Absatz 2)

Voici le roman policier

1. __________ j'ai lu.
2. __________ est intéressant.
3. __________ tu m'as donné.
4. __________ Simenon a écrit.
5. __________ vient de paraître.
6. __________ ma femme a lu aussi.

Voici la carte postale

7. __________ Mireille a écrite.
8. __________ montre la Tour Eiffel.
9. __________ nous allons envoyer à Anne.
10. __________ je viens d'acheter.
11. __________ est très belle.
12. __________ a coûté 2 francs.

II. Ergänze die Relativpronomen. (siehe Absatz 2 und 6)

C'est Mme Martin

1. __________ a téléphoné?
2. à __________ tu as parlé?
3. __________ tu as invitée à la fête?
4. __________ vient souvent chez nous?

C'est l'appartement

5. __________ j'ai loué.
6. __________ n'est pas trop cher.
7. pour __________ j'ai acheté les meubles.
8. __________ j'habite depuis un mois.

III. Ergänze die Relativpronomen. (siehe Absatz 2 und 7)

1. Tristian Bernard* se promenait un jour à Monte-Carlo. Il portait une superbe[1] casquette de yachtman[2]. Il rencontre un ami _______ admire sa casquette:
2. – Elle est magnifique.
   Tristan Bernard dit:
   – Je l'ai achetée avec _______ j'ai gagné au casino ... avec _______ j'ai perdu, j'aurais pu acheter le voilier[3].

[1]herrlich [2]Segler [3]Segelschiff

Schwierigere Übungen

IV. Ajoutez les pronoms relatifs.

Simone parle avec sa grand-mère:

1. Il y a deux ans, j'ai perdu mon ami _______ avait été mortellement[1] blessé dans un accident. Je m'étais alors juré de ne jamais sortir avec un autre garçon.
2. Mais j'en ai rencontré un autre _______ je suis tombée amoureuse.

*Tristan Bernard (1866–1947), humoriste et romancier français

3. Faut-il oublier le passé _______ a été tragique pour moi?

La réponse:

4. Tu as 18 ans et toute la vie devant toi. Cette vie _______ t'a déjà enseigné le malheur.
5. Oui, il faut tourner la page définitivement, et, surtout faire confiance à un avenir[2] _______ sera meilleur. Le bonheur existe, tu vas le rencontrer.

[1] tödlich [2] Zukunft

V. Ajoutez les pronoms relatifs.

1. Françoise: Mon mari a une belle situation _______ m'évite[1] de travailler. Nous sortons beaucoup, mon mari n'étant à l'aise qu'avec du monde autour de lui.
2. C'est un homme brillant; moi, je ne sais jamais de quoi parler, _______ il me reproche souvent.
3. Son amie: Tu ne travailles pas, tu as donc le temps de lire et d'étudier _______ t'intéresse.
4. Cherche un sujet intéressant, deviens une spécialiste _______ sera écoutée.
5. Ton mari sera ravi et étonné d'avoir une femme _______ connaît tant de choses.

[1] ersparen

«En» und «y»

1. Die Personalpronomen verkürzen den Satz, indem sie für Substantive eintreten (siehe Seite 23 ff.).
   Mein Freund kauft sich ein Auto.

   Er kauft es.

   Die beiden Wörter «en» und «y» können das auch.

2. «En» steht für einen Satzteil, der mit «de» eingeleitet wird.
   Beispiel: Mon ami sort la voiture du garage.

   Mon ami en sort la voiture.
   Il parle tout le temps de sa voiture.

   Il en parle tout le temps.

Il énumère toutes les qualités de sa voiture.

Il en énumère toutes les qualités.

«En» kann nicht gebraucht werden, wenn eine Person gemeint ist.
Beispiel: J'admire la voiture de mon ami.

3. «Y» steht für einen Satzteil, der mit «à», «dans», «sur», «sous», «devant», «derrière», «à côté» eingeleitet wird.
Beispiel: Mon ami rentre sa voiture au garage.

Mon ami y rentre sa voiture.

Ne laisse pas le permis de conduire dans la voiture.

N' y laisse pas le permis de conduire.

«Y» kann nicht gebraucht werden, wenn eine Person gemeint ist:
Beispiel: Je suis assis à côté de mon ami. – Ich sitze an der Seite meines Freundes.

Leichte Übungen

I. Forme den Satz um, gebrauche «en». (siehe Absatz 2)

1. Elle m'a parlé de ses projets.
   Elle __________ parlé.
2. Ne doutez pas de mes paroles.
   N' __________ pas.
3. Elle parle de cette idée sans cesse.
   Elle __________ sans cesse.
4. Voulez-vous encore des explications plus détaillées?
   __________ encore?
5. J'ai assez de cette affaire.
   J' __________ assez.

II. Forme den Satz um, gebrauche «y». (siehe Absatz 3)

1. Tu vas à la fête?
   Oui, j' __________.
2. Tu restes à la fête pendant toute la soirée?
   Oui, j' __________ pendant toute la soirée.
3. Tu as rencontré Françoise au bal?
   Oui, j' __________ Françoise.
4. Tu penseras à ta promesse?
   Oui, j' __________
5. Tu as vu Sandrine dans le jardin?
   Oui, j' __________ Sandrine.

Schwierigere Übungen

III. Employez «y» ou «en», si possible.

1. Tu as vu M. Dubois à la télévision?
   Oui, ____________________.
2. A-t-il parlé de la politique?
   Oui, ____________________.
3. Tu te souviens de ses paroles?
   Oui, ____________________.
4. Tu te souviens du reporter spirituel?
   Oui, ____________________.
5. Crois-tu au bonheur?
   Oui, ____________________.

IV. Employez «en» ou «y».

Christophe Colomb dînait un jour chez des Espagnols jaloux[1] de sa g oire.

1. – Découvrir l'Amérique, ce n'est pas bien difficile, il suffit d' _______ penser.
   Colomb, sans répondre, prit un œuf, et dit:
   – Qui de vous connaît le moyen de faire tenir un œuf debout sur l'une de ses extrémités?
2. Personne ne réussit. Colomb prit l'œuf, le frappa légèrement sur son assiette afin d' _______ aplatir[2] le bout, et l'œuf resta en équilibre. Tous s'écrièrent:
   – Cela n'est pas difficile!
3. – C'est vrai, mais il faut _______ penser.

[1]eifersüchtig [2]abplatten

L'adjectif et l'adverbe
Das Adjektiv und das Adverb

Das Adjektiv

1. Die deutsche Bezeichnung für Adjektiv ist „Eigenschaftswort":
   Beispiel: der spannende Film, die interessante Sendung im Fernsehen, der dicke Roman, ein schönes Gedicht …
   Adjektive stehen entweder beim Substantiv,
   Beispiel: der spannende Film

   die interessante Sendung

   oder sie sind durch ein „Hilfsverb" mit dem Beziehungswort verbunden.
   Beispiel: Der Film ist interessant. Er ist interessant.

Grammatische Fachausdrücke

Deutsch:	Eigenschaftswort	Umstandswort	–
Lateinisch:	Adjektiv	Adverb	Adjektiv beim Substantiv
Französisch:	l'adjectif, m	l'adverbe, m	l'épithète, f

Deutsch:	–
Lateinisch:	Adjektiv, mit Hilfsverb verbunden
Französisch:	l'attribut, m

2. Wer Englisch gelernt hat, weiß, daß die englischen Adjektive unveränderlich sind. Im Französischen ist das anders!
   Die französischen Adjektive richten sich in Geschlecht (männlich/weiblich) und Zahl (Einzahl/Mehrzahl) nach ihrem Beziehungswort.
   Die Endungen sind:

	männlich	weiblich
Einzahl	–	-e
Mehrzahl	-s	-es

Beispiel: mon petit frère
ma petite sœur

mes petits frères

mes petites sœurs

Alain est mon meilleur ami.
Sylvie est ma meilleure amie.

Sylvie porte un joli pull et une jolie jupe.

Elle a beaucoup de jolies jupes.

Alain porte un costume, sa cravate est jolie.

Il porte toujours de jolies cravates.

Beziehungswort: Substantiv, Pronomen	→	Adjektivendung:	
		-e	-e
		-s	-es

Bei den Adjektivendungen gibt es einige Besonderheiten, die man sich schnell merken kann (siehe Absatz 3), und eine ziemlich große Zahl von unregelmäßigen Formen, die man lernen muß (siehe Absatz 4).

3. ➠ Viele Adjektive haben bereits in der männlichen Form ein «-e».

Beispiel:	Il est	Elle est	Ils sont	Elles sont
	jeune.	jeune.	jeunes.	jeunes.

Ebenso: agréable (angenehm), aimable (freundlich), aveugle (blind), calme (ruhig), célèbre (berühmt), confortable (bequem), difficile (schwierig), énorme (riesig), facile (leicht), faible (schwach), gauche (links), habile (geschickt), jaune (gelb), juste (gerecht), large (breit), magnifique (großartig), malade (krank), moderne (modern), pauvre (arm), possible (möglich), rapide (schnell), rare (selten), riche (reich), ridicule (lächerlich), rouge (rot), simple (einfach), terrible (schrecklich), tranquille (ruhig), triste (traurig), vide (leer) ...

➠ Viele Adjektive haben in der männlichen Form (Einzahl) ein „-s".

Beispiel:	Il est	Elle est	Ils sont	Elles sont
	français.	française.	français.	françaises.

Ebenso: anglais (englisch), confus (verwirrt), gris (grau), mauvais (schlecht), précis (genau) ...

4. Viele Adjektive werden unregelmäßig gebildet:

Il est ...	Elle est ...	Ils sont ...	Elles sont ...
heureux[1]	heureuse	heureux	heureuses
brutal[2]	brutale	brutaux	brutales
naturel[3]	naturelle	naturels	naturelles
étranger[4]	étrangère	étrangers	étrangères
sportif[5]	sportive	sportifs	sportives
gros[6]	grosse	gros	grosses
bon[7]	bonne	bons	bonnes
fier[8] [fjɛr)	fière	fiers	fières
blanc[9]	blanche	blancs	blanches
faux[10]	fausse	faux	fausses
gentil	gentille	gentils	gentilles
sec	sèche	secs	sèches
bref	brève	brefs	brèves
long	longue	longs	longues
frais	fraîche	frais	fraîches
doux	douce	doux	douces
jaloux	jalouse	jaloux	jalouses

Ebenso:

[1]heureux (glücklich) - amoureux (verliebt), courageux (mutig), curieux (neugierig), dangereux (gefährlich), délicieux (köstlich), joyeux (fröhlich), malheureux (unglücklich), merveilleux (wunderbar), nombreux (zahlreich), paresseux (faul), précieux (wertvoll), sérieux (ernst), silencieux (ruhig) ...

[2]brutal (brutal) - amical (freundschaftlich), central (zentral), égal (gleich), familial (familiär), médical (medizinisch), national (national), original (originell), principal (hauptsächlich), spécial (spezial), total (total) ...

[3]naturel (natürlich) - actuel (aktuell), criminel (verbrecherisch), cruel (grausam), exceptionnel (außergewöhnlich), individuel (individuell), industriel (Industrie-), intellectuel (geistig), mortel (sterblich), personnel (persönlich), réel (wirklich), sensationnel (sensationell) ...

[4]étranger (ausländisch) - dernier (letzte), entier (vollständig), financier (finanziell), léger (leicht), premier (erste) ...

[5]sportif (sportlich) - actif (aktiv), attentif (aufmerksam), neuf (neu), tardif (verspätet), vif (lebhaft) ...

[6]gros (dick) - bas (niedrig), épais (dick), gras (fett) ...

[7]bon (gut) - ancien (früherer), européen (europäisch), moyen (mittel) ...

[8]fier (stolz) - amer (bitter), cher (lieb) ...

[9]blanc (weiß) - franc (frei) ...

[10]faux (falsch) - roux (rothaarig) ...

Etwas komplizierter sind die folgenden Adjektive:

Il est …	Elle est …	Ils sont …	Elles sont …
beau (bel)	belle	beaux	belles
fou (fol)	folle	fous	folles
nouveau (nouvel)	nouvelle	nouveaux	nouvelles
vieux (vieil)	vieille	vieux	vieilles

«Bel», «fol», «nouvel», «vieil» stehen vor männlichen Wörtern, die mit Vokal oder stummem H beginnen.

5. Im Deutschen und im Englischen stehen alle Adjektive *vor* dem jeweiligen Substantiv.
Beispiel: a green apple, sweet oranges

ein grüner Apfel, süße Orangen

Im Gegensatz dazu stehen im Französischen fast alle Adjektive *hinter* ihrem Substantiv.
Beispiel: une pomme verte, des oranges douces

6. Es gibt jedoch neun Adjektive, die immer *vor* ihrem Substantiv stehen. Es sind: beau (schön), joli (hübsch) – grand (groß), gros (dick), petit (klein) – bon (gut), mauvais (schlecht) –jeune (jung), vieux (alt).
Beispiel: une belle femme

un petit enfant

un bon film

une jeune fille

Auch die anderen Adjektive können gelegentlich *vor* ihrem Substantiv stehen, zum Beispiel:

➠ in Namen und Redewendungen.
Beispiel: la Basse-Normandie
pure laine
le libre-service

➠ zur Betonung.
Beispiel: une énorme bêtise
Le gouvernement a pris une importante décision.

Leichte Übungen

I. Ergänze die Adjektive. (siehe Absatz 2–4)

1. intéressant: La lettre est __________, le livre est __________, ces romans sont __________, ce que j'ai lu est __________.
2. content: Sandrine est __________, Eric est __________, leurs pères sont __________, les mères sont __________ aussi.
3. jeune: Sandrine est __________, Eric est __________, leurs amis sont __________ __________.
4. heureux: Sandrine est __________, Eric est __________, leurs parents sont __________, leurs tantes sont __________.
5. sportif: Sandrine est __________, Eric est __________, leurs amis sont __________.
6. long: Sandrine porte une robe __________. Elle porte les cheveux __________. Elle fera un __________ voyage. Elle ne trouvera pas les jours __________.
7. mauvais: La __________ qualité, les __________ hôtels, une __________ action, entendre une __________ plaisanterie.

II. Ergänze die Adjektive. (siehe Absatz 2–4)

1. Sandrine est __________.	(beau)
2. Elle a des cheveux __________,	(long)
son nez est __________,	(petit)
elle a de __________ yeux __________,	(beau, bleu)
ses joues[1] sont __________.	(rose)
3. Elle n'est pas trop __________,	(grand)
elle est de taille __________.	(moyen)
4. Elle est __________ et __________.	(sportif, énergique)
5. Elle est __________ avec tout le monde.	(gentil)
6. Elle est __________ de mon frère	(amoureux)
qui la trouve __________ et __________.	(charmant, doux)
7. Ce qui amuse mon frère c'est qu'elle est très __________.	(jaloux)

[1] Wangen

III. *Ergänze die Adjektive.* (siehe Absatz 5-6)

M. Martin a

1.	une _______ femme _______	(jolie)
2.	une _______ femme _______	(belle)
3.	une _______ femme _______	(jeune)
4.	une _______ femme _______	(active)
5.	une _______ femme _______	(riche)
6.	une _______ femme _______	(moderne)

(Il a la chance, ce M. Martin!)

IV. *Ergänze die Adjektive.* (siehe Absatz 5–6)

M. Dubois possède

1.	une _______ maison _______	(petite)
	avec un _______ jardin _______.	(grand)
2.	Dans ce jardin il y a	
	des _______ arbres _______,	(vieux)
	et des _______ roses _______.	(belles, rouges)

Schwierigere Übungen

V. *Ajoutez l'adjectif «vieux».*

1. Un __________ monsieur et une __________ dame sont assis sous un __________ arbre devant leur __________ maison.
2. Le monsieur aime raconter les __________ histoires du bon __________ temps.

VI. *Ajoutez l'adjectif «beau».*

1. Sandrine: Je vais bientôt me marier. Comment m'habiller pour être la plus __________? Et quel cadeau de noces[1] faire à mon fiancé[2]?
2. La réponse: Pour votre mari, vous serez la plus __________, la plus charmante, et tout et tout!
3. Choisissez une toilette[3] classique qui me paraît la plus __________.
4. Un cadeau de noces pour votre futur époux? Choisissez un objet durable et utile. Une __________ montre, un cadre[4] avec la plus __________ de vos photos, un _______ portefeuille, etc.

[1]Hochzeitsgeschenk [2]Verlobter [3]Garderobe [4]Bilderrahmen

VII. Ajoutez les adjectifs.

1. J'aime le ________ temps ________,	(beau)
le ________ ciel ________,	(clair)
le ________ vent[1] ________,	(faible)
l' ________ air ________.	(doux)
2. Je n'aime pas le ________ temps ________,	(mauvais)
le ________ ciel ________,	(nuageux[2])
la ________ pluie ________,	(froide)
le ________ vent ________.	(fort)

[1]Wind [2]wolkig

VIII. Ajoutez les adjectifs.

Une petite annonce:

À vendre, ________ Golf GTI ________	(blanche)
42000 km, 2 portes, ________ état ________,	(bon)
________ prix ________.	(modéré[1])
Tél. 81 55 73 88	

[1]mäßig

IX. Ajoutez les adjectifs.

1. Le docteur B ..., un des ______ médecins ______	(meilleurs)
de Paris, voit un jour entrer chez lui un	
______ monsieur ______, s'exprimant en	(bien mis[1])
______ termes[2] ______. Ce monsieur venait	(bons)
se plaindre d'un ______ mal ______.	(grand)
2. – Qu'est-ce que vous éprouvez[3]? lui dit le docteur.	
– Une ______ mélancolie[4] ______.	(profonde, Betonung)
– Avez-vous des déceptions[5] de cœur?	
3. Le malade fait un ______ signe ______ et ajoute:	(négatif)
4. – J'ai un ______ ennui ______, monsieur.	(vague)
5. – En ce cas, il faut faire venir le ______ vin ______.	(meilleur)
6. – Monsieur le docteur, j'ai dans ma cave[6] les ______ vins ______; ils sont sans effet contre mon mal.	(meilleurs)
7. – Il faut entendre de la ______ musique ______.	(bonne)
– J'en entends tous les jours; mon mal reste.	

[1]gut angezogen [2]Wörtern [3]fühlen [4]Schwermut [5]Enttäuschungen [6]Keller

8. –Alors je ne vois plus qu'un moyen, c'est d'aller le soir au théâtre entendre le _______ chanteur _______ Velutti, dont la verve[1] et la _______ gaieté[2] _______ se communiquent à tous. (célèbre, Betonung) (charmante, Betonung)
– Monsieur, dit le malade, c'est moi: Velutti.

[1]Schwung [2]Fröhlichkeit

Das Adverb

1. Deutschsprechenden fällt es schwer, zwischen Adjektiv und Adverb zu unterscheiden.
   Auf Seite 50 ff. wurde demonstriert, daß Adjektive Eigenschaften von Substantiven oder Pronomen nennen. Adverbien (Umstandswörter) dagegen geben wichtige Umstände an, die ein Verb, ein Adjektiv oder ein anderes Adverb näher charakterisieren.
   Adjektiv: der langsame Arbeiter
   Adverb: er arbeitet langsam
   Dem deutschen Wort „langsam" kann man nicht ansehen, ob es als Adjektiv oder als Adverb gebraucht wird. Im Englischen und im Französischen werden dagegen beide Wortarten durch eine Endung unterschieden:
   slow → slowly
   lent → lentement
   Im Französischen ist die typische Endung der Adverbien, die von Adjektiven abgeleitet sind, «-ment».

2. Die regelmäßige Ableitung der Adverbien von Adjektiven geschieht so: An die weibliche Form des Adjektivs wird die Endung «-ment» angefügt.
   Beispiel: lent, lente → lentement
   entier, entière → entièrement
   seul, seule → seulement
   soigneux, soigneuse → soigneusement

3. Es gibt einige Adverbien, die unregelmäßig gebildet werden:

précis, précise:	précisément[1]
prudent, prudente:	prudemment [-amã][2]
vrai, vraie:	vraiment[3]
bref, brève:	brièvement
gentil, gentille:	gentiment
bon, bonne:	bien
mauvais, mauvaise:	mal
rapide:	vite*

Ebenso:
[1]précisément (genau) – conformément (entsprechend), enormément (viel), forcément (gezwungenermaßen), profondément (tief) ...
[2]prudemment (vorsichtig) – apparemment (offensichtlich), constamment (beständig), élégamment (elegant), évidemment (natürlich), récemment (kürzlich), asuffisamment (genügend) ...
[3]vraiment (wirklich) – absolument (absolut), hardiment (mutig), poliment (höflich) ...
Beispiel: M. Dubois a brièvement parlé de l'accident.

Il a précisément répondu aux questions.

4. Bei einigen Adjektiven und Adverbien verwischt sich die genaue Unterscheidung.

➠ Die Adverbien bien (gut), mieux (besser), mal (schlecht) können auch als Adjektive gebraucht werden:
Beispiel: Cette émission n'était pas mauvaise. } – Diese Sendung
Cette émission n'était pas mal. } war nicht schlecht
Ce roman est bon. }
Ce roman est bien. } – Dieser Roman ist gut.

➠ Einige kurze Adjektive können auch als Adverbien gebraucht werden:
Beispiel: vivre librement }
vivre libre } – frei leben
travailler durement }
travailler dur } – hart arbeiten

* Die Form «rapidement» gibt es auch.

Leichte Übungen

I. Adjektiv oder Adverb? Setze die richtige Form ein. (siehe Absatz 2-3)

1. gentil, gentille – gentiment: M. Dubois est __________.
   Il parle __________ avec sa secrétaire. C'est une dame __________.
2. soigneux, soigneuse – soigneusement: Elle a __________ copié la liste. Elle a fait un travail __________. Elle travaille toujours très __________.
3. vrai, vraie – vraiment: Pensez-vous __________ ce que vous dites? Oui, cette nouvelle est __________. Je ne me suis __________ pas trompé.
4. facile – facilement: C'est une question _______. On comprend _______ ce qu'il demande. Ce travail n'est pas très __________.

II. Adjektiv oder Adverb? Setze die richtige Form ein. (siehe Absatz 3)

rapide – vite: M. Dubois a acheté une voiture puissante[1] et __________. Il aime rouler __________. Mais il ne faut pas rouler trop __________. Venez __________.

[1] stark

Schwierigere Übungen

III. L'adjectif? L'adverbe? Mettez la forme correcte.

Deux dames parlent des enfants.

1. La 1ère dame: Mon mari ne pense qu'à une chose: réussir (professionnel/professionnellement)[1]. Il n'a pas le temps de s'occuper de nous.
2. Il se désintéresse (pratique/pratiquement) de nos deux enfants.
3. (Final/Finalement) je suis plus (tranquille/tranquillement) quand il n'est pas là, et je ne parle jamais de mon mari à mes enfants.
4. La 2ième dame: Ma chère, ce n'est pas (juste/justement), car vous n'arriverez pas à résoudre[2] vos problèmes (personnel/personnellement) au travers de vos enfants sans perturber[3] (grave/gravement) leur éducation; sachez-le (bon/bien).
5. Pour répondre (franc/franchement) à votre question: non, vous n'agissez pas (bon/bien) en pensant que vous n'avez pas besoin de votre mari pour l'éducation de vos enfants.
6. Les enfants ont besoin de l'amour (véritable/véritablement) de la mère et du père.
7. Ces explications (simple/simplement) vous ont-elles convaincue[4]?
8. Je le souhaite (bon/bien) (sincère/sincèrement)[5].

[1] beruflich [2] lösen [3] stören [4] überzeugen [5] aufrichtig

Le verbe
Das Verb

Das Präsens

1. Präsens heißt auf deutsch „Gegenwart". Diese Zeitform des Verbs drückt aus,
   → daß etwas gegenwärtig geschieht (1)
   → oder zeitlos ist. (2)
   Beispiel: Jetzt lese ich das Buch.
   Maintenant je lis le livre. (1)
   Dieser Satz ist klar.
   Cette phrase est claire. (2)
   Der Gebrauch des Präsens ist im Französischen und im Deutschen weitgehend gleich.

Grammatische Fachausdrücke

Deutsch:	Tätigkeitswort, Zeitwort	Gegenwart
Lateinisch:	Verb	Präsens
Französisch:	le verbe	le présent

2. Wie wird das *présent* gebildet?
   Das Französische hat drei Verbarten mit unterschiedlichen Endungen:
   → Verben auf «-er» (z. B. parler – sprechen)
   → Verben auf «-re» (z. B. attendre – warten)
   → Verben auf «-ir» (z. B. finir – beenden)
   Ihr Präsens wird gebildet, indem an den Stamm des Verbs (= Verb ohne Endung) besondere Präsensendungen gehängt werden.

➠ Verben auf «-er»
Die Präsensendungen lauten: -e, -es, -e,
-ons, -ez, -ent.
Beispiel: parler → je parle – ich spreche
je parle, tu parles, il/elle parle
nous parlons, vous parlez, ils/elles parlent

➠ Verben auf «re»
Die Präsensendungen lauten: -s, -s, -t*,
-ons, -ez, -ent.

Beispiel: attendre → j'attends – ich warte
j'attends, tu attends, il/elle attend*,
nous attendons, vous attendez, ils/elles attendent

➡ Verben auf «-ir»
Die Präsensendungen lauten: -is, -is, -it,
-(iss) ons, – (iss) ez, – (iss) ent.

Beispiel: finir → je finis – ich beende
je finis, tu finis, il/elle finit,
nous finissons, vous finissez, ils/elles finissent

Die Erweiterung der Formen im Plural um «-iss-» wird Stammerweiterung genannt**.

3. Wie in den meisten Sprachen gibt es auch im Französischen unregelmäßige Verben. Die Präsensformen der wichtigsten unregelmäßigen Verben sind hier zusammengestellt – und zwar in der Reihenfolge der Häufigkeit des Gebrauchs dieser Verben. Je weiter die Verben vorn stehen, je vordringlicher ist es, sie zu lernen.

être – sein	je suis, tu es, il est, nous sommes, vous êtes, ils sont
avoir – haben	j'ai, tu as, il a, nous avons, vous avez, ils ont
faire – machen	je fais, tu fais, il fait, nous faisons, vous faites, ils font Ebenso: refaire
dire – sagen	je dis, tu dis, il dit, nous disons, vous dites, ils disent
aller – gehen	je vais, tu vas, il va, nous allons, vous allez, ils vont
voir – sehen	je vois, tu vois, il voit, nous voyons, vous voyez, ils voient Ebenso: revoir, prévoir, croire (glauben)

*Wenn der Stamm des Verbs bereits auf „-t" oder „-d" endet, steht die Präsensendung „-t" nicht.

**Es gibt auch Verben auf «-ir» ohne Stammerweiterung. Die wichtigsten von ihnen wurden in die untenstehende Liste der Präsensformen der wichtigsten unregelmäßigen Verben aufgenommen und sind dort mit einem Sternchen (*) versehen.

savoir – wissen	je sais, tu sais, il sait, nous savons, vous savez, ils savent
pouvoir – können	je peux, tu peux, il peut, nous pouvons, vous pouvez, ils peuvent
falloir – nötig sein	________, ________, il faut ________, ________, ________
vouloir – wollen	je veux, tu veux, il veut, nous voulons, vous voulez, ils veulent
venir – kommen*	je viens, tu viens, il vient, nous venons, vous venez, ils viennent Ebenso: revenir, tenir (halten), se souvenir (sich erinnern), devenir (werden), prévenir (warnen), entretenir (unterhalten), retenir (zurückhalten)
prendre – nehmen	je prends, tu prends, il prend, nous prenons, vous prenez, ils prennent Ebenso: apprendre (lernen), comprendre (verstehen), reprendre …
mettre – setzen	je mets, tu mets, il met, nous mettons, vous mettez, ils mettent Ebenso: permettre (erlauben), remettre, battre (schlagen)
devoir – müssen	je dois, tu dois, il doit, nous devons, vous devez, ils doivent
connaître – kennen	je connais, tu connais, il connaît, nous connaissons, vous connaissez, ils connaissent Ebenso: paraître (erscheinen), reconnaître …
partir – aufbrechen*	je pars, tu pars, il part, nous partons, vous partez, ils partent Ebenso: sortir (hinausgehen), sentir (fühlen)

* Verben auf «-ir» ohne Stammerweiterung

manger – essen	je mange, tu manges, il mange, nous mangeons, vous mangez, ils mangent Ebenso: changer (wechseln), obliger (verpflichten), arranger (einrichten), charger (beauftragen), engager (einstellen), bouger (bewegen), loger (unterbringen), nager (schwimmen) …
appeler – rufen	j'appelle, tu appelles, il appelle nous appelons, vous appelez, ils appellent Ebenso: rappeler (erinnern)
acheter – kaufen	j'achète, tu achètes, il achète, nous achetons, vous achetez, ils achètent Ebenso: emmener (mitnehmen), ramener, promener (spazieren gehen), élever (züchten), opérer (operieren) …
commencer – anfangen	je commence, tu commences, il commence, nous commençons, vous commencez, ils commencent Ebenso: recommencer, lancer (werfen), avancer (nach vorn gehen), prononcer (aussprechen), remplacer (ersetzen)
lire – lesen	je lis, tu lis, il lit, nous lisons, vous lisez, ils lisent
essayer – versuchen	j'essaie, tu essaies, il essaie, nous essayons, vous essayez, ils essaient Ebenso: envoyer (schicken), employer (verwenden), ennuyer (langweilen), nettoyer (saubermachen)
vendre – verkaufen	je vends, tu vends, il vend, nous vendons, vous vendez, ils vendent
servir – dienen	je sers, tu sers, il sert, nous servons, vous servez, ils servent
écrire – schreiben	j'écris, tu écris, il écrit, nous écrivons, vous écrivez, ils écrivent
vivre – leben	je vis, tu vis, il vit, nous vivons, vous vivez, ils vivent
valoir – wert sein	_______, _______, il vaut _______, _______, _______

conduire – führen	je conduis, tu conduis, il conduit, nous conduisons, vous conduisez, ils conduisent
plaire – gefallen	je plais, tu plais, il plaît, nous plaisons, vous plaisez, ils plaisent
recevoir – bekommen	je reçois, tu reçois, il reçoit, nous recevons, vous recevez, ils reçoivent Ebenso: apercevoir (erblicken)
dormir – schlafen	je dors, tu dors, il dort, nous dormons, vous dormez, ils dorment
boire – trinken	je bois, tu bois, il boit, nous buvons, vous buvez, ils boivent
ouvrir – öffnen*	j'ouvre, tu ouvres, il ouvre, nous ouvrons, vous ouvrez, ils ouvrent Ebenso: offrir (anbieten), souffrir (leiden), couvrir (bedecken)
mourir – sterben*	je meurs, tu meurs, il meurt, nous mourons, vous mourez, ils meurent
rire – lachen	je ris, tu ris, il rit, nous rions, vous riez, ils rient
suivre – folgen	je suis, tu suis, il suit, nous suivons, vous suivez, ils suivent
construire – bauen	je construis, tu construis, il construit, nous construisons, vous construisez, ils construisent Ebenso: produire
suffire – ausreichen	_______, _______, il suffit _______, _______, _______
naître – geboren werden	_______, _______, il naît _______, _______, ils naissent
courir – laufen*	je cours, tu cours, il court, nous courons, vous courez, ils courent

*Verben auf «-ir» ohne Stammerweiterung

plaindre – beklagen	je plains, tu plains, il plaint, nous plaignons, vous plaignez, ils plaignent Ebenso: craindre
jeter – werfen	je jette, tu jettes, il jette, nous jetons, vous jetez, ils jettent

Leichte Übungen

I. Setze die richtige Präsensform ein und unterstreiche die Endung. (siehe Absatz 2-3)

1. arriver: j' ________ — attendre: j' ________
2. rester: je ________ — partir; je ________
3. monter: je ________ — descendre: je ________
4. parler: tu ________ — répondre: tu ________
5. acheter: tu ________ — vendre: tu ________
6. trouver: tu ________ — perdre: tu ________
7. entrer: il ________ — sortir: il ________
8. regarder: il ________ — voir: il ________
9. jeter: il ________ — prendre: il ________

II. Ergänze die Präsensformen. (siehe Absatz 2–3)

1. Ce que je (faire) pendant les vacances:
2. A 8 heures, je (se lever); à 9 heures, je (prendre) le petit-déjeuner, ensuite je (aller) à la plage.
3. J'y (rester) jusqu'à midi.
4. Le déjeuner (être) à 1 heure.
5. Je (manger) à l'hôtel.
6. L'après-midi, je (faire) une promenade.
7. Le soir, je (regarder) la télévision, et à 10 heures, je (se coucher).

Schwierigere Übungen

III. Ajoutez les formes du présent.

1. Plus de la moitié des Français (prendre) des vacances. Près de la moitié des Français qui (aller) en vacances (partir) pour le bord de la mer.
2. La moitié des Français qui (aller) en vacances au bord de la mer (choisir) le soleil de la Méditerranée. Calcul tout simple: en gros, il y (avoir) trente millions de vacanciers, quinze millions (aller) à la mer.

IV. Ajoutez les formes du présent.

1. Dans un compartiment[1] de chemin de fer, deux voyageurs (parler) de leur vie privée.
2. – (Etre) -vous marié? demande le premier.
   – Oui.
3. – (Avoir) -vous des enfants?
   – Un fils.
4. – Il (fumer)?
5. – Non, il n' (aimer) pas les cigarettes.
6. – Formidable ... il (boire)?
   – Pas une goutte[2] d'alcool.
7. – Il (sortir) tous les soirs?
8. – Non, de ce côté-là, il (être) sage[3] comme une image.
9. Le monsieur ne (pouvoir) pas dissimuler[4] son enthousiasme:
10. – (Savoir) -vous, cher monsieur, que vous (avoir) un fils modèle?
11. – Oh, il ne (falloir) rien exagérer[5], il n'(avoir) que trois mois ...

[1]Abteil [2]Tropfen [3]artig [4]verbergen [5]übertreiben

V. Ajoutez les formes du présent.

1. Ils (être) bien ennuyeux, les enfants, et on les (donner), cent fois le jour, au diable de bon cœur.
2. Mais il n'y (avoir) qu'eux qui (faire) notre bonheur.
3. Ils vous (rendre) la vie heureuse.
4. On les tuerait, quand ils (crier) pour le plaisir de crier.
5. Mais quand ils (sourire[1]) et quand ils (offrir) leur bec[2] à embrasser[3] c'(être) le ciel.
6. C'(être) si drôle de voir comment ils (apprendre) les mots qu'ils (entendre) et les (appliquer) juste aux circonstances.
7. L'autre jour, le petit Christophe (voir) que son père (prendre) du café.
8. Il en (demander): on ne (vouloir) lui en donner qu'avec beaucoup d'eau.
9. Mais quand il (voir) verser[4] de l'eau dans la tasse, il (crier) tout du haut de sa tête.

10. Ah! On (détourner[5]) son attention.
11. – Oh, lui (dire) sa mère, la belle mouche[6] au plafond.
12. Le petit Christophe (regarder) en l'air, (chercher) la mouche des yeux, et on lui (servir) sa tasse de café ...
13. Avant-hier, il n' (être) pas sage; on le (raconter) au père qui (dire), en faisant sa grosse voix[7]?
14. – Qui n'a pas été sage, ce matin?
Christophe (lever) le nez en l'air, (regarder) le plafond, (chercher) une mouche des yeux:
– Oh, la belle mouche!
15. Que (vouloir) -vous? Nous avons ri.
Ce n' (être) pas la bonne éducation, j'en (convenir[8]).

D'après Francisque Sarcey

[1]lächeln [2]„Schnabel" [3]küssen [4]gießen [5]ablenken [6]Fliege [7]Stimme [8]zugeben

Das Futur

1. Das Futur ist die Verbform, die etwas Zukünftiges ausdrückt.
Beispiel: Ich werde mit Tante Yvonne telefonieren.
Im Französischen gibt es 2 Futurformen für das Futur I:
→ le futur proche (futur composé)
→ le futur simple
Dann gibt es noch das Futur II (futur antérieur), das ausdrückt, daß ein Geschehen in der Zukunft abgeschlossen sein wird.
Beispiel: Ich werde mit Tante Yvonne telefoniert haben.
(... bis du zurückkommst).
Im Französischen wird es – wie im Deutschen – recht selten gebraucht.

Grammatische Fachausdrücke

Deutsch:	„nahe Zukunft"	Zukunft I	Zukunft II
Lateinisch:	-	Futur I	Futur II
Französisch:	le futur proche le futur composé	le futur simple	le futur antérieur

2. Wie wird die „nahe Zukunft" *(futur proche/futur composé)* gebildet?
Sie wird aus den Präsensformen des Verbs „aller" und dem Infinitiv zusammengesetzt.
Beispiel: Je vais téléphoner à tante Yvonne. – Ich werde telefonieren ...
Tu vas téléphoner à tante Yvonne.
Il/elle va téléphoner à tante Yvonne.

Nous allons téléphoner à tante Yvonne.
Vous allez téléphoner à tante Yvonne.
Ils/elles vont téléphoner à tante Yvonne.

Die „nahe Zukunft" drückt aus,
→ daß etwas sofort geschieht;
→ daß etwas mit Sicherheit geschieht.

Beispiel: Ich werde gleich mit Tante Yvonne telefonieren.
Ich werde ganz bestimmt mit Tante Yvonne telefonieren.

3. Wie wird das *futur simple* gebildet?

➠ Verben auf «-er»

Das Futur I wird gebildet aus der 3. Person Singular Präsens des jeweiligen Verbs. An diese Form werden die Endungen des Futur I gehängt: -rai, -ras, ra, -rons, -rez, -ront.

Beispiel: il téléphone → je téléphonerai – ich werde telefonieren
je téléphonerai, tu téléphoneras, il/elle téléphonera, nous téléphonerons, vous téléphonerez, ils/elles téléphoneront

➠ Verben auf «-re»

Auch bei diesen Verben wird das Futur I aus der Form der 3. Person Singular Präsens entwickelt. Die Endungen des Futur I lauten wieder:

-rai, -ras, -ra,
-rons, -rez, -ront.

Beispiel: il répond → je répondrai – ich werde antworten
je répondrai, tu répondras, il/elle répondra, nous répondrons, vous répondrez, ils/elles répondront
Endet das Verb in der 3. Person Singular Präsens allerdings auf „-t", so fällt dieses „-t" weg, bevor die Futurendung angehängt wird.

Beispiel: il rompt – je romprait – ich werde brechen
je romprai, tu rompras, il/elle rompra, nous romprons, vous romprez, ils/elles rompront

➠ Verben auf «-ir»

Diese Verben bilden das Futur I ebenfalls aus der Fom der 3. Person Singular Präsens, wobei auch hier das nicht gesprochene «-t» wegfällt. Wieder werden die Futurendungen angehängt:

-rai, -ras, -ra,
-rons, -rez, -ront.

Beispiel: il finit → je finirai – ich werde beenden
je finirai, tu finiras, il/elle finira, nous finirons, vous finirez, ils/elles finiront

4. Einige Verben bilden das futur simple unregelmäßig:

aller:	il ira	pourvoir:	il pourra
avoir:	il aura	recevoir:	il recevra
courir:	il courra	savoir:	il saura
devoir:	il devra	tenir:	il tiendra
être:	il sera	venir:	il viendra
faire:	il fera	voir:	il verra
mourir:	il mourra	vouloir:	il voudra

5. Wie wird das *futur antérieur* gebildet?
Das *futur antérieur* wird gebildet mit dem Futur der Hilfsverben «avoir» oder «être» (HV, siehe Seite 103) und dem Partizip Perfekt (PP, siehe Seite 76 ff.).

Beispiel:	j'	aurai	téléphoné	– ich werde telefoniert
	tu	auras	téléphoné	haben ...
	il/elle	aura	téléphoné	
	nous	aurons	téléphoné	
	vous	aurez	téléphoné	
	ils/elles	auront	téléphoné	
		HV	PP	

Grammatische Fachausdrücke

Deutsch:	Hilfszeitwort	Mittelwort der Vergangenheit
Lateinisch:	Hilfsverb	Partizip Perfekt
Französisch:	l'auxiliaire	le participe passé

Leichte Übungen

I. Setze die Futurformen ein. (siehe Absatz 4)

1. être: je ________________, il ________________.
2. avoir: ________________, ________________.
3. aller: ________________, ________________.
4. courir: ________________, ________________.
5. faire: ________________, ________________.
6. venir: ________________, ________________.

II. Setze ins Futur. (siehe Absatz 3-4)

1. Sandrine raconte: Pendant les vacances, j'(aller) tous les jours à la plage.
2. Je (être) dans l'eau plusieurs fois.
3. Je (s'amuser) avec mes amis.
4. Le soir, je (danser) avec eux.
5. Ce (être) un temps magnifique.
6. Et toi, que (faire) -tu pendant les vacances?

Schwierigere Übungen

III. Mettez au futur.

1. La tante: Tu n' (aller) plus au lycée, Stéphanie?
   Stéphanie: Non, ma tante.
2. La tante: Que (faire) -tu dans la vie?
3. Stéphanie: Je (devenir) mannequin.
   La tante: Quelle idée ...
4. Stéphanie: Je (gagner) beaucoup d'argent, je (vivre) à Paris, je (être) belle, je (porter) les plus belles robes, je (être) admirée par tout le monde.

IV. Employez le futur antérieur.

M. Dubois est surchargé de travail. Il pense:
1. A 5 heure, j' __________ (terminer) mon travail.
2. A 7 heures, je serai à la maison. Ma femme __________ (préparer) un bon dîner.
3. Elle __________ (mettre) la table.
4. Elle __________ (acheter) une bouteille de champagne, parce que, aujourd'hui, c'est l'anniversaire de notre mariage.

V. Traduisez.

1. Hilf[1] dir, der Himmel[2] wird dir helfen. (Hilf dir selbst, dann hilft dir Gott.)
2. Wer leben wird, wird sehen.

[1]aider [2]le ciel

Imperfekt und Passé simple

1. Wenn man einen französischen Roman liest, sieht man, daß das Französische zwei Erzählzeiten der Vergangenhe t hat. (Das Deutsche kommt mit einer Erzählzeit aus.)

Beispiel:		
	Ampère* avait deux chats qu'il aimait beaucoup: l'un était un gros angora, l'autre un chaton.	hatte liebte, war
	Ennuyé d'entendre les chats gratter à la porte de son bureau, Ampère fit venir le menuisier[1].	ließ
	– Faites-moi deux trous au bas de la porte, lui dit-il. Un grand et un petit, pour mes deux chats.	sagte
	– Oh, Monsieur, répondit le menuisier. Le grand trou suffit.	antwortete
	– Et le petit chat, que fait-il pour entrer?	
	imparfait/passé simple	Imperfekt

«Avait», «aimait» und «était» sind Formen des *imparfait.* «Fit», «dit» und «répondit» sind Formen des *passé simple.* Das *passé simple* kommt meist nur noch in der Literatur vor und dort hauptsächlich mit den Formen «je», «il/elle» und «ils/elles».

Grammatische Fachausdrücke

	Vergangenheit	
Deutsch:		
Lateinisch:	Imperfekt	–
Französisch:	l'imparfait, m	le passé simple

[1] Tischler

2. Wie wird das *imparfait* gebildet?
Ausgangspunkt ist die Verbform der 1. Person Plural Präsens. Die Endung „-ons" entfällt. An ihre Stelle treten die Endungen des Imperfekt:
-ais, -ais, -ait
-ions, -iez, -aient.
Beispiel: nous parlons → je parlais – ich sprach
je parlais, tu parlais, il/elle parlait
nous parlions, vous parliez, ils/elles parlaient

* André Marie Ampère (1775–1836), physicien français

Beispiel: nous prenons → je prenais – ich nahm
je prenais, tu prenais, il/elle prenait,
nous prenions, vous preniez, ils/elles prenaient

Beispiel: nous finissons → je finissais – ich beendete
je finissais, tu finissais, il/elle finissait,
nous finissions, vous finissiez, ils/elles finissaient

Es gibt keine unregelmäßigen Formen. Die Endungen «-ais», «-ais», «-ait», «-aient» werden [ɛ] ausgesprochen.

3. Wie wird das *passé simple* gebildet?
Zur Bildung des *passé simple* werden an den Stamm des Infinitivs die Endungen des *passé simple* gehängt.

➠ Verben auf -er
Die Endungen lauten: -ai, -as, -a,
-âmes, -âtes, -èrent.
Beispiel: parler → je parlai – ich sprach
je parlai, tu parlas, il/elle parla,
nous parlâmes, vous parlâtes, ils/elles parlèrent

➠ Verben auf -re
Die Endungen lauten: -is, -is, -it,
-îmes, -îtes, -irent.
Beispiel: attendre → j'attendis – ich wartete
j'attendis, tu attendis, il/elle attendit,
nous attendîmes, vous attendîtes, ils/elles attendirent

➠ Verben auf -ir
Die Endungen lauten wieder: -is, -is, -it,
-îmes, îtes, -irent.
Beispiel: finir → je finis – ich beende
je finis, tu finis, il/elle finit,
nous finîmes, vous finîtes, ils/elles finirent

Sehr viele Verben bilden das *passé simple* unregelmäßig:

boire:	il but	plaire:	il plut
conduire:	il conduisit	pleuvoir:	il plut
connaître:	il connut	pouvoir:	il put
courir:	il courut	prendre:	il prit
croire:	il crut	recevoir:	il reçut
devoir:	il dut	rire:	il rit
dire:	il dit	savoir:	il sut
écrire:	il écrivit	suffire:	il suffit
faire:	il fit	taire:	il tut
falloir:	il fallut	tenir:	il tint
lire:	il lut	venir:	il vint
mettre:	il mit	vivre:	il vécut
mourir:	il mourut	voir:	il vit
naître:	il naquit	vouloir:	il voulut

4. Wann wird das *imparfait* und wann das *passé simple* gebraucht?
   Die Regel ist einfach: Im *passé simple* stehen kurze, aufeinanderfolgende Handlungen.
   Beispiel: Tout à coup, Mme Duval se réveilla.
   Elle avait entendu un bruit. Elle réveilla son mari qui alla à la fenêtre. Il vit que le chat avait renversé un pot de fleurs.
   Sonst steht das *imparfait.*
   Beispiel: Il faisait nuit. M. et Mme Duval dormaient, depuis deux heures.
   Tout était tranquille.

Leichte Übungen

I. Füge die Formen des Imparfait ein. (siehe Absatz 2)

1. Napoléon _______ l'empereur des Français. (être)
2. Il _______ deux femmes: d'abord Joséphine, plus tard Marie-Louise, une princesse autrichienne. (avoir)
3. Il _______ la France. (moderniser)
4. Il _______ plusieurs guerres contre l'Autriche, la Russie, l'Angleterre et la Prusse. (faire)
5. Après la défaite[1] de Waterloo, il _______ prisonnier[2] des Anglais. (être)
6. Il _______ le reste de sa vie à l'île de Sainte-Hélène. (passer)

[1]Niederlage [2]Gefangener

II. Unterstreiche die Formen des imparfait einmal und die des passé simple zweimal. (siehe Absatz 2–3)

1. Balzac* s'occupait de la graphologie.
2. Un jour, une dame lui apporta un cahier d'écolier.
3. Elle lui demanda:
   – Quel est l'avenir de cet enfant.
4. Balzac examina un moment le cahier et dit:
   – Vous êtes la mèe de cet enfant?
   – Non.
   – Alors je vais vous dire la vérité: Cet enfant est stupide, il ne fera jamais rien de bon.
5. La dame éclata de rire[1].
   – Mais, Monsieur, ne reconnaissez-vous pas votre écriture? C'est votre cahier d'écolier.
6. Balzac était très surpris, il ne savait pas que dire ...

[1]loslachen

Schwierigere Übungen

III. Unterstreiche die Formen des imparfait einmal und die des passé simple zweimal.

La Parure[1]

1. Or, un soir, son mari rentra, l'air glorieux et tenant à la main une large enveloppe[2].
   – Tiens, dit-il, voici quelque chose pour toi.
2. Elle déchira[3] vivement le papier et en tira une carte imprimée qui portait ces mots:
   «Le Ministre de l'instruction publique et Mme Georges Ramponneau prient M. et Mme Loisel de leur faire l'honneur de venir passer la soirée à l'hôtel du Ministère, le lundi 18 janvier.»
3. Au lieu d'être ravie, comme l'espérait son mari, elle jeta avec dépit[4] l'invitation sur la table, murmurant:
   – Que veux-tu que je fasse de cela?
4. Mais, ma chérie, je pensais que tu serais contente. Tu ne sors jamais, et c'est une occasion, cela, une belle!
5. Elle le regardait d'un œil irrité, et elle déclara avec impatience:
   – Que veux-tu que je me mette sur le dos pour aller là?

*Honoré de Balzac (1799–1850), romancier français

6. Il balbutia[5]:
   – Mais la robe avec laquelle tu vas au théâtre. Elle me semble très bien, à moi …
7. Il se tut, stupéfait[6], en voyant que sa femme pleurait. Deux grosses larmes[7] descendaient lentement des coins[8] des yeux vers les coins de la bouche; il begaya[9]:
   – Qu'as-tu, qu'as–tu?
8. Elle répondit d'une voix calme en essuyant[10] ses joues[11] humides:
   – Rien. Seulement je n'ai pas de toilette[12] et par conséquent je ne peux pas aller à cette fête.
9. Il était désolé. Il reprit:
   – Voyons, Mathide. Combien cela coûterait-il, une toilette convenable?
10. Elle réfléchit quelques secondes, enfin, elle répondit en hésitant[13]:
   – Je ne sais pas au juste, mais il me semble qu'avec quatre cents francs, je pourrais arriver …

Extrait abrégé de la nouvelle de
Guy de Maupassant (1850 – 1893)

[1]Schmuck [2]Briefumschlag [3]zerreißen [4]Enttäuschung [5]stottern [6]überrascht [7]Tränen [8]Ecken [9]stottern [10]abwischen [11]Wangen [12]Garderobe [13]zögernd

Das Perfekt

1. Im normalen Sprachgebrauch steht statt des *passé simple* (siehe Seite 71ff.) das Perfekt. Die französische Bezeichnung ist *passé composé*. Im Gebrauch entsprechen sich weitgehend das *passé composé* und das deutsche Perfekt.
   Beispiel: Gestern habe ich gelesen. Ich bin spät zu Bett gegangen.

Grammatische Fachausdrücke

Deutsch:	vollendete Gegenwart
Lateinisch:	Perfekt
Französisch:	le passé composé

2. Wie wird das *passé composé* gebildet?
Das *passé composé* setzt sich zusammen aus den Präsensformen der Hilfsverben «avoir» oder «être» (HV; siehe Seite 103) und dem Partizip Perfekt (PP; siehe unten).

Beispiel:		HV	PP	
	je	suis	venu(e)	– ich bin gekommen …
	tu	es	venu(e)	
	il/elle	est	venu(e)	
	nous	sommes	venu(e)s	
	vous	êtes	venu(e)s	
	ils/elles	sont	venu(e)s	

3. Das Perfekt gehört zu den am meisten gebrauchten Zeiten im Französischen. Leider sind mit dem Perfekt drei Schwierigkeiten verbunden, die Lernanstrengungen erfordern. Sie betreffen:
→ die Endungen des Partizips Perfekt,
→ den Gebrauch der Hilfsverben
→ die Veränderlichkeit des Partizips Perfekt.

4. Die Endungen das Partizips Perfekt

➠ Verben auf «-er»
An den Stamm des Infinitivs wird ein «-é» gehängt.
Beispiel: parler → parlé – gesprochen

➠ Verben auf «-re»
An den Stamm des Infinitivs wird ein «-u» gehängt.
Beispiel: répondre → répondu – geantwortet

➠ Verben auf «-ir»
An den Stamm des Infinitivs wird ein «-i» gehängt.
Beispiel: finir → fini – beendet

Es gibt eine große Zahl von unregelmäßigen Formen:

avoir:	eu	paraître:	paru
boire:	bu	plaire:	plu
conduire:	conduit	pleuvoir:	plu
connaître:	connu	pouvoir:	pu
courir:	couru	prendre:	pris
croire:	cru	recevoir:	reçu
devoir:	dû, due*	rire:	ri
dire:	dit	savoir:	su
écrire:	écrit	suffire:	suffi
être:	été	suivre:	suivi
faire:	fait	taire:	tu
falloir:	fallu	tenir:	tenu
lire:	lu	venir:	venu
mettre:	mis	vivre:	vécu
mourir:	mort	voir:	vu
naître:	né	vouloir:	voulu …
ouvrir:	ouvert		

5. Der Gebrauch der Hilfsverben. Die meisten französischen Verben bilden das Perfekt mit «avoir».
   Beispiel: j'ai parlé, tu as parlé, il a parlé,
   nous avons parlé, vous avez parlé, ils ont parlé – ich habe gesprochen …

Auch das Verb «être» wird mit «avoir» gebildet:
j'ai été, tu as été, il a été … –
ich bin gewesen, du bist gewesen, er ist gewesen …

Mit «être» bilden das Perfekt:

➠ 14 Verben, die man lernen muß: aller, arriver, demeurer, descendre, entrer, monter, mourir, naître, partir, rester, retourner, sortir, tomber, venir.
Beispiel: Il est allé. Je suis venu. Ils sont arrivés. – Er ist gegangen …

Ausnahmen: descendre, monter, rentrer, sortir können ein direktes Objekt bei sich haben. Dann werden sie mit «avoir» gebildet und ändern ihre Bedeutung.

Beispiel: Il est sorti. (Ohne direktes Objekt: Er ist gegangen.)
Il a sorti <u>son chien</u>. (Mit direktem Objekt: Er hat den Hund ausgeführt.)

* «Dû» ist die männliche Form, «due» (ohne Akzent) die weibliche Form.

➠ alle reflexiven Verben* (im Gegensatz zum Deutschen)

se souvenir:	sich erinnern:
il s'est souvenu	er hat sich erinnert
se dépêcher:	sich beeilen
il s'est dépêché	er hat sich beeilt

6. Die Veränderlichkeit des Partizips Perfekt. Bei der Veränderlichkeit der Partizipien muß unterschieden werden, ob sie mit «être» oder mit «avoir» verbunden sind.

➠ Das mit «être» verbundene Partizip Perfekt richtet sich in Geschlecht (männlich/weiblich) und Zahl (Einzahl/Mehrzahl) nach dem Subjekt. Die Endungen sind die gleichen wie bei einem Adjektiv:

	männlich	**weiblich**
Einzahl	–	-e
Mehrzahl	–s	–es

Beispiel: il est venu, elle est venue

ils sont venus, elles sont venues

Subjekt	→ être →	Partizip Perfekt:
		– -e
		-e -es

➠ Das mit «avoir» verbundene Partizip Perfekt richtet sich nach dem vorausgehenden direkten Objekt.
Nach dem direkten Objekt fragt man: „Wen oder was ...?"
Es gibt mehrere Möglichkeiten, daß ein direktes Objekt dem Partizip Perfekt vorausgeht:

➠ Ein direktes Objektpronomen geht voraus (siehe Seite 27ff.).
Beispiel: Tu as écrit les cartes postales?
Oui, je les ai écrites.

* Reflexive Verben werden mit „sich ..." gebildet.

➠ Das Relativpronomen «que» geht voraus (siehe Seite 43ff.).
Beispiel: Voici les cartes postales
que j'ai écrites.

➠ In der Frage kann ein Substantiv, das dann das direkte Objekt ist, vorausgehen.
Beispiel: Quelles cartes postales as-tu écrites?

direktes Objekt → avoir →

Partizip	Perfekt:
–	-e
-e	-es

Einfache Übungen

I. Bilde das Perfekt. (siehe Absatz 2, 4 und 5)

1. arriver: il __________
2. venir: il __________
3. rester: il __________
4. se laver: il __________
5. manger: il __________
6. boire: il __________
7. écrire: il __________
8. lire: il __________
9. parler: il __________
10. répondre: il __________
11. dire: il __________
12. rire: il __________
13. pouvoir: il __________
14. vouloir: il __________
15. aller: il __________
16. partir: il __________
17. courir: il __________
18. se dépêcher: il __________

II. Wird das Partizip Perfekt verändert? (siehe Absatz 6)

Mme Dubois a fait les courses.
1. Voici les légumes qu'elle a acheté __________. (les légumes, m)
2. Voici la viande qu'elle a acheté __________.
3. Voici les fruits qu'elle a acheté __________. (le fruit)
4. Voici le beurre qu'elle a acheté __________.
5. Voici les baguettes qu'elle a acheté __________. (la baguette)
6. Voici les œufs qu'elle a acheté __________. (un œuf)

III. Wird das Partizip Perfekt verändert? (siehe Absatz 6)

Sandrine est rentrée après un voyage.
Sandrine montre à ses parents ...
1. ... les cartes postales qu'elle a apporté __________.

2. … les belles photos qu'elle a pris ________.
3. … la robe qu'elle a acheté ________.
4. … la belle bague que son ami lui a donné ________.
5. Voici une cravate.
   Sandrine l'a apporté ________ pour son père.
6. Voici des mouchoirs brodés.
   Elle les a apporté ________ pour sa mère.
7. Voici une ceinture de cuir.
   Elle l'a apporté ________ pour son frère.
8. Voici une bouteille de cognac.
   Elle l'a apporté ________ pour ses parents.

Schwierigere Übungen

IV. Employez le passé composé.

Guy parle avec sa sœur aînée[1]:

1. Hier, je ______ avec Mireille pour la première fois. (sortir)
2. La sœur: Oh, hier tu ______ avec Mireille? (être)
3. Guy: Au moment de l'embrasser[2], une panique m' _____ (pendre)
   et je me ______. (se sauver[3])
4. La sœur (en souriant): Ton attitude ________ (être)
   charmante.
5. Guy: Mon cœur ______ trop fort. Maintenant je veux (battre)
   réparer ma faute.
6. La sœur: Écris vite quelques mots à Mireille: «J' ______ (être)
   très ému[4] l'autre soir, et une grande panique m' ______ (pendre)
   au moment de t'embrasser; pardonne-moi, mais je suis
   tellement amoureux de toi …» Voilà.

[1] ältere Schwester [2] küssen [3] weglaufen [4] aufgeregt

V. Employez le passé composé.

Extraits d'une lettre de Jeannette:

1. En vacances à la Martinique, j' ________ (connaître
   un garçon absolument charmant et, tout de suite,
   nous ______ amoureux l'un de l'autre. (tomber)
2. Une chose cependant m' ________; notre différence (gêner)
   d'âge: j'ai 27 ans et lui trois ans de moins que moi.
3. Il m' ______ que cela lui était égal. Je ______ (jurer[1], rentrer)
   en France et nous ______ à nous écrire et à nous (continuer)
   téléphoner.

4. Un jour, il m' __________ pour me dire qu'il avait un grave aveu[2] à me faire: ce n'est pas trois ans qui nous séparent mais sept ... | (appeler)

[1]schwören [2]Geständnis

Plusquamperfekt und Passé antérieur

1. Im Deutschen gibt es nur das Plusquamperfekt, nicht das *passé antérieur.*
Beispiel: Der Prüfling hatte sich nicht vorbereitet.
Das Plusquamperfekt und das *passé antérieur* drücken die vollendete Vergangenheit einer Handlung oder eines Zustands aus.

Grammatische Fachausdrücke

Deutsch:	vollendete Vergangenheit	–
Lateinisch:	Plusquamperfekt	–
Französisch:	le plus-que-parfait	le passé antérieur

1. Wie wird das *plus-que-parfait* gebildet?
Das *plus-que-parfait* setzt sich zusammen aus dem Imperfekt der Hilfsverben «avoir» oder «être» (HV; siehe Seite 103) und dem Partizip Perfekt (PP).

Beispiel:				
	j'	avais	parlé	– ich hatte gesprochen ...
	tu	avais	parlé	
	il/elle	avait	parlé	
	nous	avions	parlé	
	vous	aviez	parlé	
	ils/elles	avaient	parlé	
		HV	PP	

3. Wie wird das *passe antérieur* gebildet?
Es setzt sich zusammen aus dem passé simple der Hilfsverben «avoir» oder «être» (HV; siehe Seite 103) und dem Partizip Perfekt (PP; siehe Seite 76ff.).

Beispiel:				
	je	fus	allé(e)	– ich war gegangen ...
	tu	fus	alle(e)	
	il/elle	fut	allé(e)	
	nous	fûmes	allé(e)s	
	vous	fûtes	allé(e)s	
	ils/elles	furent	allé(e)s	
		HV	PP	

4. Der Gebrauch von *plus-que-parfait* und *passé antérieur:*
   Der Unterschied im Gebrauch von Plusquamperfekt und *passé antérieur* entspricht dem von *imparfait* und *passé simple* (siehe Seite 71ff.). Es sei angemerkt, daß das *passé antérieur* nur sehr selten gebraucht wird, d. h. nur sehr vereinzelt und dann hauptsächlich in der Literatur.

Leichte Übung

I. Bilde das Plusquamperfekt. (siehe Absatz 2 und 3)

	Perfekt:	Plusquamperfekt:
1.	il est arrivé	il ____________________
2.	il est venu	il ____________________
3.	il est resté	il ____________________
4.	il a écrit	il ____________________
5.	il a lu	il ____________________
6.	il a parlé	il ____________________
7.	il a répondu	il ____________________
8.	il a ri	il ____________________
9.	il est parti	il ____________________

Schwierigere Übung

II. Employez le plus-que-parfait.

Sandrine parle de Marcel.	
1. Hier, j'ai revu Marcel	
qui __________ quinze jours à Nice.	(passer)
2. Il __________,	(se reposer)
et il __________ beaucoup de soleil.	(avoir)
3. Nous avons bu le champagne	
que Marcel __________.	(apporter)
4. Il m'a montré les photos	
qu'il __________ à Nice.	(prendre)
5. Il m'a dit	
qu'il __________ toujours à moi.	(penser)

Das Konditional

1. Die Verbformen des Konditional gibt es im Deutschen wie im Französischen.
   Beispiel: Ich würde gern ein Auto kaufen. –
   J'aimerais acheter une voiture. (Konditional I – *le conditionnel)*
   Ich würde gern ein Auto gekauft haben. –
   J'aurais aimé acheter une voiture. (Konditional II – *le conditionnel passé)*

Grammatische Fachausdrücke

Deutsch:	bedingte Möglichkeit	bedingte Möglichkeit der Vergangenheit
Lateinisch:	Konditional I	Konditional II
Französisch:	le conditionnel	le conditionnel passé

2. Wie wird das *conditionnel* gebildet?

➠ Verben auf «-er»

Das Konditional I wird – wie das Futur I (siehe Seite 67ff.) – von der 3. Person Singular Präsens abgeleitet. An diese Form werden die Endungen des Konditional I gehängt: -rais, -rais, -rait,
-rions, -riez, -raient.

Beispiel: il chante → je chanterais – ich würde singen
je chanterais, tu chanterais, il/elle chanterait,
nous chanterions, vous chanteriez, ils/elle chanteraient

➠ Verben auf «-re»

Auch bei diesen Verben wird das Konditional I aus der 3. Person Singular Präsens abgeleitet. An diese Form werden wieder die Endungen des Konditional I gehängt: -rais, -rais, -rait,
-rions, -riez, -raient.

Beispiel: il répond → je répondrais – ich würde antworten
je répondrais, tu répondrais, il/elle répondrait,
nous répondrions, vous répondriez, ils/elles répondraient

Endet das Verb in der 3. Person Singular Präsens allerdings auf «-t», so fällt dieses «-t» weg, bevor die Konditionalendung angehängt wird.

Beispiel: il rompt → je romprais – ich würde brechen
je romprais, tu romprais, il/elle romprait,
nous romprions, vous rompriez, ils/elles rompraient

➠ Verben auf «-ir»
Diese Verben bilden das Konditional I ebenfalls aus der Form der 3. Person Singular Präsens, wobei auch hier das nicht gesprochene «-t» wegfällt. Wieder werden die Konditionalendungen angehängt:
-rais, -rais, -rait,
-rions, -riez, -raient.
Beispiel: il finit → je finirais – ich würde beenden
je finirais, tu finirais, il/elle finirait,
nous finirions, vous finiriez, ils/elles finiraient

3. Das *conditionnel* drückt – im Französischen wie im Deutschen – eine Annahme, einen Wunsch oder eine Möglichkeit aus, die irreal sind.
Beispiel: J'aimerais acheter une voiture, si j'avais l'argent. –
Ich würde gern ein Auto kaufen, wenn ich das Geld hätte.
Außerdem drückt das Konditional, von der Vergangenheit her gesehen, die Zukunft eines Geschehens aus (le futur du passé).
Beispiel: Sandrine m'a dit (hier), qu'elle irait voir Martine et qu'elle apporterait beaucoup de disques (demain).
Sandrine hat mir gesagt (gestern), daß sie Martine besuchen werde und daß sie viele Schallplatten mitbringen werde (morgen).
Im Deutschen gibt es keine „Zukunft der Vergangenheit".

4. Wie wird das *conditionnel passé* gebildet?
Das Konditional II wird gebildet mit dem Konditional I der Hilfsverben «avoir» oder «être» (HV, siehe Seite 103) und dem Partizip Perfekt (PP, siehe Seite 76ff.).

Beispiel:			
je	serais	venu(e)	– ich würde gekommen sein …
tu	serais	venu(e)	
il/elle	serait	venu(e)	
nous	serions	venu(e)s	
vous	seriez	venu(e)s	
ils/elles	seraient	venu(e)s	
	HV	PP	

5. Das Konditional II drückt – im Französischen wie im Deutschen – eine Annahme, einen Wunsch oder eine Möglichkeit aus, die irreal sind *und* in der Vergangenheit liegen.
Beispiel: J'aurais aimé acheter une voiture, si j'aurais eu l'argent. –
Ich würde gern ein Auto gekauft haben, wenn ich das Geld gehabt hätte.
Außerdem drückt das Konditional II, von der Vorvergangenheit her gesehen, aus, daß ein Geschehen in der Zukunft abgeschlossen ist.
Beispiel: Sandrine m'avait dit (il y a une semaine), qu'elle serait allée voir Martine et qu'elle aurait apporté beaucoup de disques (jusqu'à hier). -

Sandrine hatte mir gesagt (vor einer Woche), daß sie Martine besucht haben werde und daß sie viele Schallplatten mitgebracht haben werde (bis gestern).

Im Deutschen gibt es keine „vollendete Zukunft der Vergangenheit".

Leichte Übung

I. Bilde das Konditional I und II. (siehe Absatz 2 und 4)

	Konditional I:	Konditional II:
1. téléphoner:	il ________________,	il ________________.
2. parler:	il ________________,	il ________________.
3. répondre:	il ________________,	il ________________.
4. venir*:	il ________________,	il ________________.
5. rester*:	il ________________,	il ________________.
6. partir*:	il ________________,	il ________________.

Schwierigere Übungen

II. Traduisez.

1. Ich würde gern nach Paris fahren:

____

2. Ich würde gern den Louvre besichtigen:

____

3. Ich würde gern auf den großen Boulevards spazierengehen:

____

4. Würdest du nicht gern mitkommen:

____

(Wenn man nur genügend Zeit hätte!)

III. Complétez.

Si j'étais riche ...

1. ... je __________ bâtir une maison blanche au bord de la mer.	(faire)
2. ... j'y __________ tout l'été avec mes amis.	(être)

* Beachte: Diese Verben bilden die zusammengesetzten Zeiten mit être (siehe Seite 77, Absatz 5).

3. … j' __________ la ville et le boulot[1].	(oublier)
4. … je __________ à la plage.	(s'amuser)
5. Quand il y a une fête, j'y __________.	(aller)
6. Le soir, je __________ avec mes amis.	(danser)
7. Je __________ avec eux.	(chanter)
8. J'y __________ plus heureux qu'en ville.	(être)
9. Cette vie te __________ aussi?	(plaire)

[1]le travail

Der Subjonctif

1. Im Deutschen gibt es – wie im Französischen – von jedem Verb eine „Wirklichkeitsform" (W) und eine „Möglichkeitsform" (M).
   Beispiel: Er hat keine Zeit. (W)
   Er sagt, er habe keine Zeit. (M)
   Sie weiß Bescheid. (W)
   Ich dachte, sie wisse Bescheid. (M)

Grammatische Fachausdrücke

Deutsch:	Wirklichkeitsform	Möglichkeitsform
Lateinisch:	Indikativ	Konjunktiv
Französisch:	l'indicatif, m	le subjonctif

2. Die regelmäßigen Formen des *subjonctif* werden von der 3. Person Plural Präsens abgeleitet, deren Endung „-ent" entfällt. Dafür werden die Endungen des subjonctif angehängt.

➠ Verben auf «-er»
Die Endungen des subjonctif lauten: -e, -es, -e, -ions, -iez, -ent.
Beispiel: ils parlent → que je parle
que je parle, que tu parles, qu'il/elle parle,
que nous parlions, que vous parliez, qu'ils/elles parlent

➠ Verben auf «-re»
Die Endungen des subjonctif lauten wieder: -e, -es, -e, -ions, -iez, -ent.
Beispiel: ils vendent → que je vende
que je vende, que tu vendes, qu'il/elle vende,
que nous vendions, que vous vendiez, qu'ils/elles vendent

➠ Verben auf «-ir»
Die Endungen lauten auch hier: -e, -es, -e,
-ions, -iez, -ent.

Beispiel: ils finissent → que je finisse
que je finisse, que tu finisses, qu'il/elle finisse,
que nous finissions, que vous finissiez, qu'ils/elles finissent

3. Es gibt einige Verben, die den *subjonctif* unregelmäßig bilden:

aller – gehen	que j'aille, que tu ailles, qu'il aille que nous allions, que vous alliez, qu'ils aillent
avoir – haben	que j'aie, que tu aies, qu'il ait que nous ayons, que vous ayez, qu'ils aient
être – sein	que je sois, que tu sois, qu'il soit que nons soyons, que vous soyez, qu'ils soient
faire – machen	que je fasse, que tu fasses, qu'il fasse que nous fassions, que vous fassiez, qu'ils fassent
falloir – müssen	qu'il faille
pleuvoir – regnen	qu'il pleuve
pouvoir – können	que je puisse, que tu puisses, qu'il puisse que nous puissions, que vous puissiez, qu'ils puissent
savoir – wissen	que je sache, que tu saches, qu'il sache que nous sachions, que vous sachiez, qu'ils sachent
valoir – wert sein	qu'il vaille
vouloir – wollen	que je veuille, que tu veuilles, qu'il veuille, que nous voulions, que vous vouliez, qu'ils veuillent

4. Die vier wichtigsten Regeln für den Gebrauch des *subjonctif* sind:

➠ Der *subjonctif* steht in Nebensätzen, die besonders eingeleitet werden durch (1):

avant que …	– bevor …
jusqu'à ce que …	– bis …
pour que … / afin que …	– damit …
bien que .. / quoique …	– obwohl …
à condition que …	– unter der Bedingung, daß …
pourvu que …	– vorausgesetzt, daß …
sans que …	– ohne daß …

Beispiel: Il est déjà tard,
mais Mme Martin attend jusqu'à ce que son fils soit endormi.

➠ Der *subjonctif* steht in Nebensätzen mit «que», wenn im Hauptsatz ein Verb des Wollens* vorausgeht (2),
zum Beispiel: avoir envie (Lust haben), défendre (verbieten), demander (verlangen), désirer (wünschen), exiger (fordern), interdire (verbieten), ordonner (befehlen), prier (bitten), refuser (abschlagen), vouloir (wollen), il est important (es ist wichtig), il est nécessaire (es ist notwendig), il faut (es ist nötig), il vaux mieux (es wäre besser) …
Beispiel: M. Dubois défend à sa fille qu'elle sorte avec Eric.
Il ne veut pas que sa fille sorte avec Eric.

➠ Der *subjonctif* steht in Nebensätzen mit «que», wenn im Hauptsatz ein Verb der Ungewißheit oder des Zweifels vorausgeht (3),
zum Beispiel: douter (zweifeln), ne pas douter (nicht zweifeln), nier (verneinen), supposer (vermuten), il arrive (es kommt vor), ils est possible (es ist möglich) …
Beispiel: Il est possible qu' Eric vienne chez les Dubois.
Mais Christine doute qu'il vienne.

➠ Der *subjonctif* steht in Nebensätzen mit «que», wenn im Hauptsatz ein Verb des Gefühls** vorausgeht (4),
zum Beispiel: aimer (lieben), avoir peur (Angst haben), regretter (bedauern), être content (zufrieden sein), être fâché (ärgerlich sein), être heureux (glücklich sein), être surpris (überrascht sein), être triste (traurig sein) …

* Diese Verben werden auch „Verben der Willensäußerung" genannt.
** Die Verben des Gefühls werden auch „Verben der persönlichen Stellungnahme" und „Verben des subjektiven Empfindens" genannt.

Beispiel: Christine est triste que ses parents ne lui permettent pas de sortir avec Eric.
Elle regrette qu'elle ne puisse pas sortir avec lui.

Die letzten drei Regeln werden mit der Übersicht veranschaulicht:

Sandrine et son cheval	
Sandrine veut que son père lui permette de faire du cheval. (2)	Mais elle doute que son père le lui permette. (3)
Un jour, elle parle sérieusement avec son père. Le résultat?	
Elle est heureuse que son père lui permette de faire du cheval. (4)	

5. In der Literatur findet man gelegentlich noch eine weitere, d. h. die Vergangenheitsform des *subjonctif (le subjonctif imparfait).* Sie wird gebraucht, wenn das übergeordnete Verb in der Vergangenheit steht, und wird abgeleitet von der 2. Person Singular des *passé simple.* Diese Form des *subjonctif* ist völlig ungebräuchlich, auch in der Literatur findet man nur die Formen der 3. Person Singular.

➠ Verben auf «-er»
Beispiel: il parlât

➠ Verben auf «-re»
Beispiel: il rompît

➠ Verben auf «-ir»
Beispiel: il finît

Der Vollständigkeit halber wurden alle Formen des *subjonctif imparfait* in die Übersicht auf Seite 102 aufgenommen.

Leichte Übungen

I. Verwende den subjonctif. (siehe Absatz 3)

Il faut...

1. que tu __________ à la poste. (aller)
2. que tu __________ le ménage. (faire)
3. que tu __________ là, cet après-midi. (être)
4. que tu __________ m'aider. (pouvoir)
5. que tu __________ la vérité. (savoir)

II. Indicatif oder subjonctif? (siehe Absatz 4)

Je vais à la plage ...

1.	quoiqu'il _________.	(pleuvoir)
2.	avant qu'il _________.	(pleuvoir)
3.	pourvu qu'il ne _________ pas.	(pleuvoir)
4.	s'il ne _________ pas.	(pleuvoir)
5.	parce qu'il _________ beau temps.	(faire)
6.	quand il _________ beau temps.	(faire)
7.	Ma femme dit: Je reste ici parce que j' _________ mal à la tête.	(avoir)

III. Verwende den subjonctif. (siehe Absatz 4)

Un visiteur vient chez Mme Legrand.

1. Attendez ici, monsieur.
   Mme Legrand veut que j' _________ ici.
2. Venez dans la salle, monsieur.
   Elle veut que je _________ dans la salle.
3. Prenez place, monsieur.
   Elle me prie que je _________ place.
4. Dites-moi la vérité, monsieur.
   Elle demande que je lui _________ la vérité.
5. Ne le dites pas aux autres, monsieur.
   Elle défend que je le _________ aux autres.

IV. Verwende den subjonctif. (siehe Absatz 4)

On attend les invités.

1. Tu es sûr que M. Dubois viendra ce soir?
   Non, je doute qu'il _________ ce soir.
2. Mais ton ami Alain viendra?
   Oui, je suppose qu'il _________.
3. Tu es sûr qu'il connaît mon adresse?
   Je ne doute pas qu'il _________ ton adresse.
4. Et sa femme, elle vient aussi?
   Je ne crois pas qu'elle _________.

V. Verwende den subjonctif. (siehe Absatz 4)

Mme Martin a rencontré un ancien camarade de classe.

1.	Je suis heureuse qu'on se _________ après si longtemps.	(revoir)
2.	Je suis heureuse que tu _________ venu chez moi.	(être)

3. Je suis très contente que tu __________ accepté mon invitation.	(avoir)
4. Je regrette que tu ne ________ pas rester à dîner. Tu es marié? Qui est ta femme?	(pouvoir)

Schwierigere Übungen

VI. L'indicatif? Le subjonctif?

Entre deux amies:

1. Tu sais que j' (avoir) 25 ans. J'ai fait la connaissance d'un collègue divorcé[1]; il a 39 ans.
2. Très déçu[2] par l'attitude de son ex-femme, il a peur que notre bonheur ne (être) pas durable.
3. Il ne veut pas que ses enfants (savoir) notre union.
4. Il a peur qu'ils (être) choqués.
5. Cet homme est déçu. À toi de lui prouver que toutes les femmes ne (être) pas pareilles.
6. Il faut insister[3] qu'il te (faire) connaître ses enfants.

[1]geschieden [2]enttäuscht [3]darauf bestehen

VII. L'indicatif? Le subjonctif?

Brigitte parle avec son professeur:

1. Ma mère et mon beau-père[1] ne peuvent pas admettre[2] que je (sortir) avec des garçons, parmi eux Eric, mon ami. Et j'ai 18 ans.
   La réponse du professeur:
2. Je ne doute pas qu'ils vous (aimer).
3. S'il refusent que vous (sortir) avec Eric, ils ont certainement de bonnes raisons.
4. Il faut que tu les leur (demander), dans le calme[3].

[1]Stiefvater [2]zugestehen [3]Ruhe

VIII. Employez l'imparfait du subjonctif.

1. Les parents de Brigitte n'aimaient pas que leur fille __________ (sortit) avec ses amis.
2. Ils voulaient qu'elle __________ (rester) à la maison.
3. Le père de Brigitte exige qu'elle __________ (travailler) pour réussir dans sa carrière professionnelle. Mais pour une jeune femme, la carrière n'est pas tout …

Der Imperativ

1. Imperativ ist das lateinische Wort für „Befehlsform“. Im Deutschen und Französischen gibt es 3 Imperative:
   2. Person Singular, 1. und 2. Person Plural.

   Beispiel: Fang an! — Commence.
   Fangen wir an! — Commençons.
   Fangt an! — Commencez.

Grammatische Fachausdrücke

Deutsch:	Befehlsform
Lateinisch:	Imperativ
Französisch:	l'impératif

2. Wie wird der *impératif* gebildet?
   Die meisten Verben bilden den Imperativ regelmäßig.

   - Verben auf «-er»
     Beispiel: Commence. (tu commences)
     Commençons. (nous commençons)
     Commencez. (vous commencez)
     Die Endungen, die an den Stamm des Verbs gehängt werden, lauten:
     -e, -ons, -ez.
   - Verben auf «-re» und «-ir»
     Bei diesen Verben entsprechen die Imperativformen den entsprechenden Formen des Präsens (2. Person Singular, 1. und 2. Person Plural).
     Beispiel: Réponds. — Finis.
     Répondons. — Finissons.
     Répondez. — Finissez.

3. Es gibt einige Verben, die den Imperativ unregelmäßig bilden:

avoir:	aie, ayons, ayez
être:	sois, soyons, soyez
savoir:	sache, sachons, sachez
vouloir:	veuille, veuillons, veuillez

Zum Gebrauch der Objektpronomen beim Imperativ siehe Seite 30.

Leichte Übung

I. Verwende den Imperativ.

1. Tu viens? ________________
2. Tu restes ici? ________________
3. Tu n'as pas peur? ________________
4. Tu es tranquille? ________________
5. Tu ouvres la fenêtre? ________________
6. Tu racontes les détails? ________________
7. Nous commençons? Oui, ________________
8. Nous corrigeons ces fautes? Oui, ________________
9. Vous attendez? ________________
10. Vous prenez place? ________________

Schwierigere Übungen

II. Employez l'impératif.

Nous sommes mariés depuis quelques semaines. Nous ferions tout pour être heureux. Tes conseils, maman?

1. Le respect et l'estime mutuels[1] sont des choses indispensables[2]. (Respecter) les goûts de l'autre.
2. S'il aime le football, (laisser) -le y jouer et (estimer[3]) -le pour son entraînement[4].
3. Attention aux blessures d'amour-propre! Ne (dire) pas de paroles blessantes.
4. (Se méfier[5]) de la jalousie[6]. En se montrant jaloux, on avoue[7] sa faiblesse. Savez-vous que l'amour se nourrit aussi de paroles?
5. (Parler) de l'amour, de l'avenir, de la pluie et du temps.
6. (Echanger) des idées, l'important est là.

[1]gegenseitig [2]notwendig [3]schätzen [4]Training [5]sich in acht nehmen [6]Eifersucht [7]eingestehen

III. Employez l'impératif.

Un père dit à son fils:

1. – N' (affirmer) pas des choses que tu es incapable de savoir.
2. (Rappeler) -toi le proverbe: Seuls les fous[1] ont de l'assurance[2], les sages[3] doutent.

– Tu crois que c'est vrai, papa?
– J'en suis sûr.

[1]Narren [2]Sicherheit [3]die Weisen

Partizip Präsens und Gérondif

1. Die Verbformen „essend", „trinkend", „schlafend" heißen auf deutsch „Mittelwort der Gegenwart" und auf lateinisch „Partizip Präsens". Ein *gérondif* gibt es im Deutschen nicht.

Grammatische Fachausdrücke

Deutsch:	Mittelwort der Gegenwart	–
Lateinisch:	Partizip Präsens	Gerundium
Französisch:	le participe présent l'adjectif verbal	le gérondif

2. Wie wird das *participe présent* gebildet?
Es wird gebildet, indem an den Stamm der 1. Person Plural (d. h., die Endung «-ons» entfällt), die Endung «-ant» gehängt wird.
Beispiel: nous mangeons → mangeant
nous buvons → buvant
nous dormons → dormant

3. Wie wird das *gérondif* gebildet?
Beim *gérondif* steht vor der Form des Partizips Präsens das Wörtchen «en».
Beispiel: en mangeant
en buvant
en dormant

4. Es gibt drei Verben, die das Partizip Präsens und das *gérondif* unregelmäßig bilden:

avoir:	– (en) ayant
être:	– (en) étant
savoir:	– (en) sachant

5. Das Partizip Präsens und das *gérondif* werden nicht verändert – mit einer Ausnahme:
Wenn das Partizip Präsens wie ein Adjektiv gebraucht wird, wird es auch wie ein Adjektiv verändert (siehe Seite 50, Absatz 2).
Beispiel: une soirée dansante
une chaussée glissante

6. Wie wird das Partizip Präsens gebraucht?
   Es bezieht sich auf das Subjekt oder auf das direkte Objekt. Man braucht es in den meisten Fällen anstelle eines Relativsatzes zur Verkürzung.
   Beispiel: Le voleur, apercevant la police, s'enfuit.
   (= qui aperçoit la police)

7. Wie wird das *gérondif* gebraucht?
   Es bezieht sich auf das Subjekt. Man braucht es in den meisten Fällen für einen Nebensatz, der die Gleichzeitigkeit ausdrückt, zur Verkürzung.
   Beispiel: Je lis le journal en entendant de la musique.
   (= pendant que j'entends de la musique)

Leichte Übungen

I. *Unterstreiche das Partizip Präsens einmal und das Beziehungswort zweimal.* (siehe Absatz 6)

1. Alexandre Dumas*, faisant un voyage en Allemagne, avait des difficultés parce qu'il ne savait pas un mot d'allemand. Au restaurant, il voulait manger des champignons[1]. Que faire?
2. Il a dessiné un champignon sur une feuille de papier, le montrant au garçon[2].
3. Celui-ci est revenu quelques minutes après, apportant un parapluie.

[1]Pilze [2]Kellner

II. *Unterstreiche das gérondif.* (siehe Absatz 7)

1. Françoise parle avec une dame, dont elle a fait la connaissance. – J'ai 18 ans et, jusqu'à présent, seules mes études comptaient[1]. Maintenant j'ai envie d'avoir une vie normale et de séduire[2] les garçons. Comment m'y prendre?
   – Vous avez commencé par le commencement, en donnant la priorité à vos études, et vous avez agi sagement[3] en vous préparant ainsi un avenir plus facile. Séduire les garçons? Soyez naturelle et gaie.
2. En vous habillant à la mode, en pratiquant un sport, vous attirez les garçons …

[1]zählen [2]verführen [3]vernünftig

* Alexandre Dumas (1802–1870), romancier français

III. Ersetze den unterstrichenen Satz durch ein Partizip Präsens (siehe Absatz 6)

1 C'est un jeune homme qui s'intéresse à tout.
2. M. Dubois, qui fume une cigarette, regarde par la fenêtre.
3. Connais-tu cette dame qui habite depuis quelques semaines vis-à-vis de nous?

IV. Ersetze den unterstrichenen Satz durch ein gérondif. (siehe Absatz 7)

1. Sandrine chante quand elle se promène.
2. M. Martin s'est coupé quand il s'est rasé.
3. Quand il rentre de l'école, Eric passe par le centre-ville.

Schwierigere Übung

V. Employez le participe présent ou le gérondif.

1. Un mendiant[1] entre un jour dans un magasin et achète quelque chose. Au moment de payer:
   – Pardon, monsieur, j'ai oublié mon portemonnaie. Permettez-moi d'aller le chercher; prenez cet instrument en gage[2].
   (Il dit cela), il met sur le comptoir[3] une guitare et sort. Peu après, un jeune homme bien habillé entre et achète quelque chose. (Il voit la guitare), il la prend, l'examine, puis dit au marchand:
   – C'est en effet une guitare de Stradivarius*. Si vous voulez me la vendre, je vous en donne 5000 francs.
   – Monsieur, répond le patron, c'est un souvenir de famille, je ne peux pas la vendre sans en avoir parlé à mes parents.
   – Bien, réplique le jeune homme, si vous vous décidez apportez-la-moi à l'hôtel du «Lion d'or».
2. (Il a dit cela), il paie et sort.
   Peu après, le mendiant rentre, paie, prend son instrument et veut sortir.
3. – Monsieur, lui dit le patron (il sourit[4]), voulez-vous me vendre cette guitare? Je vous en donne 500 francs.
   – Monsieur, elle m'a donné le pain pendant tant d'années que je ne peux pas m'en séparer.
   – Je vous en donne 750 francs.
   – Non, jamais.
   – Eh bien, je vous en donne 1000 francs.
4. Le mendiant prend la guitare, la regarde (il dit):
   – Cela me fait de la peine, mais que voulez-vous quand on est pauvre. Prenez l'instrument.

*Stradivarius (1644–1737), fabriquant de violons célèbres

5. (Il dit cela), il empoche[5] l'argent que le patron lui présente, et s'en va (il salue respectueusement).
Content de son marché, le patron va tout de suite à l'hôtel du «Lion d'or», s'informe du jeune homme qui lui a promis[6] les 5000 francs, mais il n'y trouve personne. Il a été attrapé par deux fripons[7].

[1]Bettler [2]Pfand [3]Ladentisch [4]lächeln [5]in die Tasche stecken [6]versprechen [7]Gauner

Verb und Objekt – Verb und Infinitiv

1. Zwischen dem Verb und dem Objekt und zwischen dem Verb und dem Infinitiv können Präpositionen stehen:

Je	vois	–	Mme Duval.
Je	dis bonjour	**à**	Mme Duval.
Elle	parle	**de**	son voyage.
	Verb		**Objekt**

Mme Duval	aime	–	rouler	vite.
Elle	s'amuse	**à**	dépasser	les autres voitures.
Elle	risque	**de**	causer	un accident.
	Verb		**Infinitiv**	

2. Der Gebrauch der Präpositionen ist ein sehr umfangreiches Kapitel, das nur in einem großen Wörterbuch vollständig behandelt werden kann. Im folgenden findet man eine Liste von Verben, bei denen Deutschsprechende besonders häufig Fehler machen:

parler	de	qc[1]	– über etw sprechen
s'informer	de	qc	– sich über etw informieren
s'intéresser	à	qc	– sich für etw interessieren
demander	à	qn	– jdn fragen*
téléphoner	à	qn	– mit jdm telefonieren
mentir	à	qn	– jdn belügen
se rappeler	–	qc	– sich an etw erinnern
se souvenir	de	qn	– sich an jdn erinnern
désirer	–	faire qc	– wünschen, etw zu tun
espérer	–	faire qc	– hoffen, etw zu tun
préférer	–	faire qc	– vorziehen, etw zu tun
avoir besoin	de	qc	– etw brauchen
décider	de	faire qc	– beschließen, etw zu tun**
refuser	de	faire qc	– ablehnen, etw zu tun
hésiter	à	faire qc	– zögern, etw zu tun
s'occuper	de	qc	– sich mit etw beschäftigen
essayer	de	faire qc	– versuchen, etw zu tun
réussir	à	faire qc	– Erfolg haben, etw zu tun
aider	–	qn	– jdm helfen
être content	de	qc	– zufrieden sein mit etw
rire	de	qc	– über etw lachen
être fâché	de	qc	– über etw ärgerlich sein
suivre	–	qn	– jdm folgen
s'approcher	de	qn	– sich jdm nähern
entrer	dans	qc	– etw betreten
sortir	de	qc	– aus etw hinausgehen[1]

Es gibt auch:
*demander à qn de faire qc – jdn um etwas bitten
**se décider à faire qc; être décidé à faire qc. – sich entschließen, etw. zu tun; entschlossen sein, etw. zu tun

[1]Die Abkürzungen bedeuten:
qc: quelque chose – qn: quelqu'un – etw: etwas – jdm: jemandem – jdn: jemanden.

Übung

I. *Complétez les phrases.*

1. M. Dubois s'intéresse __________ la politique. Nous avons parlé __________ président. Je __________ ai demandé ce qu'il pense de l'Europe unie.
2. Alain a téléphoné __________ son père. Celui-ci s'est informé __________ ce que son fils fait à Paris. Alain n'a pas voulu dire la vérité, il a menti __________ son père.
3. Le voyage a été magnifique. Je me rappelle avec plaisir __________ mon séjour à Paris. Je me souviens __________ la belle Allemande que j'ai rencontrée au Musée d'Orsay.
4. J'espère __________ la rencontrer l'année prochaine à Paris. J'ai décidé __________ lui écrire des lettres, mais j'ai hésité __________ mettre ma première lettre à la boîte. Je préfère __________ téléphoner.
5. Martine s'occupe __________ langues étrangères. Elle a besoin __________ une bonne grammaire. Peter aide __________ Martine à apprendre l'allemand. Martine a réussi __________ passer son examen.
6. Martine a été contente __________ son succès. Peter dit qu'elle parle allemand comme une Allemande. Martine a ri __________ ce compliment.
7. Dans le château de Versailles, les touristes suivent __________ le guide. Ils entrant __________ la galerie des glaces. Un monsieur s'approche __________ la fenêtre pour regarder le parc.

Übersicht über die Zeiten – Aktiv

Verben auf «-er» (parler)
«-ir» (choisir)
«-re» (vendre)

Das Präsens/le présent (siehe auch S. 60ff.)

je	parl**e**	je	chois**is**	je	vend**s**
tu	parl**es**	tu	chois**is**	tu	vend**s**
il	parl**e**	il	chois**it**	il	vend
nous	parl**ons**	nous	choisiss**ons***	nous	vend**ons**
vous	parl**ez**	vous	choisiss**ez***	vous	vend**ez**
ils	parl**ent**	ils	choisiss**ent***	ils	vend**ent**

*Stammerweiterung durch «-iss-»

Das Futur I/le futur simple (siehe auch S. 67ff.)

je	parle**rai**	je	choisi**rai**	je	vend**rai**
tu	parle**ras**	tu	choisi**ras**	tu	vend**ras**
il	parle**ra**	il	choisi**ra**	il	vend**ra**
nous	parle**rons**	nous	choisi**rons**	nous	vend**rons**
vous	parle**rez**	vous	choisi**rez**	vous	vend**rez**
ils	parle**ront**	ils	choisi**ront**	ils	vend**ront**

Das Futur II/le futur antérieur (siehe auch S. 69)

j'	**aurai**	parl**é**	j'	**aurai**	chois**i**	j'	**aurai**	vend**u**
tu	**auras**	parl**é**	tu	**auras**	chois**i**	tu	**auras**	vend**u**
il	**aura**	parl**é**	il	**aura**	chois**i**	il	**aura**	vend**u**
nous	**aurons**	parl**é**	nous	**aurons**	chois**i**	nous	**aurons**	vend**u**
vous	**aurez**	parl**é**	vous	**aurez**	chois**i**	vous	**aurez**	vend**u**
ils	**auront**	parl**é**	ils	**auront**	chois**i**	ils	**auront**	vend**u**

Das Imperfekt/l'imparfait (siehe auch S. 71ff.)

je	parl**ais**	je	choisiss**ais**	je	vend**ais**
tu	parl**ais**	tu	choisiss**ais**	tu	vend**ais**
il	parl**ait**	il	choisiss**ait**	il	vend**ait**
nous	parl**ions**	nous	choisiss**ions**	nous	vend**ions**
vous	parl**iez**	vous	choisiss**iez**	vous	vend**iez**
ils	parl**aient**	ils	choisiss**aient**	ils	vend**aient**

Das Passé simple/le passé simple (siehe auch S. 71ff.)

je	parl**ai**	je	chois**is**	je	vend**is**
tu	parl**as**	tu	chois**is**	tu	vend**is**
il	parl**a**	il	chois**it**	il	vend**it**
nous	parl**âmes**	nous	chois**îmes**	nous	vend**îmes**
vous	parl**âtes**	vous	chois**îtes**	vous	vend**îtes**
ils	parl**èrent**	ils	chois**irent**	ils	vend**irent**

Das Perfekt/le passé composé (siehe auch S. 75ff.)

j'	**ai**	parl**é**	j'	**ai**	chois**i**	j'	**ai**	vend**u**
tu	**as**	parl**é**	tu	**as**	chois**i**	tu	**as**	vend**u**
il	**a**	parl**é**	il	**a**	chois**i**	il	**a**	vend**u**
nous	**avons**	parl**é**	nous	**avons**	chois**i**	nous	**avons**	vend**u**
vous	**avez**	parl**é**	vous	**avez**	chois**i**	vous	**avez**	vend**u**
ils	**ont**	parl**é**	ils	**ont**	chois**i**	ils	**ont**	vend**u**

Das Plusquamperfekt/le plus-que-parfait (siehe auch S. 81f.)

j'	**avais**	parl**é**	j'	**avais**	chois**i**	j'	**avais**	vend**u**
tu	**avais**	parl**é**	tu	**avais**	chois**i**	tu	**avais**	vend**u**
il	**avait**	parl**é**	il	**avait**	chois**i**	il	**avait**	vend**u**
nous	**avions**	parl**é**	nous	**avions**	chois**i**	nous	**avions**	vend**u**
vous	**aviez**	parl**é**	vous	**aviez**	chois**i**	vous	**aviez**	vend**u**
ils	**avaient**	parl**é**	ils	**avaient**	chois**i**	ils	**avaient**	vend**u**

Das Passé antérieur/le passé antérieur (siehe auch S. 81f.)

j'	**eus**	parl**é**	j'	**eus**	chois**i**	j'	**eus**	vend**u**
tu	**eus**	parl**é**	tu	**eus**	chois**i**	tu	**eus**	vend**u**
il	**eut**	parl**é**	il	**eut**	chois**i**	il	**eut**	vend**u**
nous	**eûmes**	parl**é**	nous	**eûmes**	chois**i**	nous	**eûmes**	vend**u**
vous	**eûtes**	parl**é**	vous	**eûtes**	chois**i**	vous	**eûtes**	vend**u**
ils	**eurent**	parl**é**	ils	**eurent**	chois**i**	ils	**eurent**	vend**u**

Das Konditional I/le conditionnel (siehe auch S. 83f.)

je	parle**rais**	je	choisi**rais**	je	vend**rais**
tu	parle**rais**	tu	choisi**rais**	tu	vend**rais**
il	parle**rait**	il	choisi**rait**	il	vend**rait**
nous	parle**rions**	nous	choisi**rions**	nous	vend**rions**
vous	parle**riez**	vous	choisi**riez**	vous	vend**riez**
ils	parle**raient**	ils	choisi**raient**	ils	vend**raient**

Das Konditional II/le conditionnel passé (siehe auch S. 83ff.)

j'	**aurais**	parl**é**	j'	**aurais**	chois**i**	j'	**aurais**	vend**u**
tu	**aurais**	parl**é**	tu	**aurais**	chois**i**	tu	**aurais**	vend**u**
il	**aurait**	parl**é**	il	**aurait**	chois**i**	il	**aurait**	vend**u**
nous	**aurions**	parl**é**	nous	**aurions**	chois**i**	nous	**aurions**	vend**u**
vous	**auriez**	parl**é**	vous	**auriez**	chois**i**	vous	**auriez**	vend**u**
ils	**auraient**	parl**é**	ils	**auraient**	chois**i**	ils	**auraient**	vend**u**

Der Konjunktiv Präsens/le subjonctif présent (siehe auch S. 86ff.)

que je	parl**e**	que je	choisiss**e**	que je	vend**e**
que tu	parl**es**	que tu	choisiss**es**	que tu	vend**es**
qu'il	parl**e**	qu'il	choisiss**e**	qu'il	vend**e**
que nous	parl**ions**	que nous	choisiss**ions**	que nous	vend**ions**
que vous	parl**iez**	que vous	choisiss**iez**	que vous	vend**iez**
qu'ils	parl**ent**	qu'ils	choisiss**ent**	qu'ils	vend**ent**

Der Konjunktiv Imperfekt/le subjonctif imparfait (siehe auch S. 89)*

que je	parl**asse**	que je	chois**isse**	que je	vend**isse**
que tu	parl**asses**	que tu	chois**isses**	que tu	vend**isse**
qu'il	parl**ât******	qu'il	chois**ît******	qu'il	vend**ît******
que nous	parl**assions**	que nous	chois**issions**	que nous	vend**issions**
que vous	parl**assiez**	que vous	chois**issiez**	que vous	vend**issiez**
qu'ils	parl**assent**	qu'ils	chois**issent**	qu'ils	vend**issent**

Übersicht über weitere Verbformen

Verben auf«-er» (parler)
«-ir» (choisir)
«-re» (vendre)

Der Infinitiv/l'infinitif

parl**er**	chois**ir**	vend**re**

Der Imperativ/l'impératif (siehe auch S. 92)

parl**e**	chois**is**	vend**s**
parl**ons**	chois<u>iss</u>**ons***	vend**ons**
parl**ez**	chois<u>iss</u>**ez***	vend**ez**

*Stammerweiterung durch «-iss»

*Der Konjunktiv Imperfekt wird so gut wie gar nicht mehr gebraucht.
**Auch in der Literatur findet man lediglich die Formen der 3. Person Singular.

Das Partizip Präsens/le participe présent (siehe auch S. 94f.)		
parl**ant**	choisissant*	vend**ant**
*Stammerweiterung durch «-iss»		
Das Gérondif/le gérondif (siehe auch S. 94f.)		
en parl**ant**	en choisi**ssant**	en vend**ant**
Das Partizip Perfekt/le participe passé (siehe auch S. 76ff.)		
parl**é,e**	chois**i,e**	vend**u,e**

Übersicht über die Zeiten von «avoir» und «être» – Aktiv

Das Präsens/le présent

j'	ai	je	suis
tu	as	tu	es
il	a	il	est
nous	avons	nous	sommes
vous	avez	vous	êtes
ils	ont	ils	sont

Das Futur I/le futur simple

j'	aurai	je	serai
tu	auras	tu	seras
il	aura	il	sera
nous	aurons	nous	serons
vous	aurez	vous	serez
ils	auront	ils	seront

Das Futur II/le futur antérieur

j'	aurai	eu	j'	aurai	été
tu	auras	eu	tu	auras	été
il	aura	eu	il	aura	été
nous	aurons	eu	nous	aurons	été
vous	aurez	eu	vous	aurez	été
ils	auront	eu	ils	auront	été

Das Imperfekt/l'imparfait

j'	avais	j'	étais
tu	avais	tu	étais
il	avait	il	était
nous	avions	nous	étions
vous	aviez	vous	étiez
ils	avaient	ils	étaient

Das Passé simple/le passé simple

j'	eus	je	fus
tu	eus	tu	fus
il	eut	il	fut
nous	eûmes	nous	fûmes
vous	eûtes	vous	fûtes
ils	eurent	ils	furent

Das Perfekt/le passé composé

j'	ai	eu	j'	ai	été
tu	as	eu	tu	as	été
il	a	eu	il	a	été
nous	avons	eu	nous	avons	été
vous	avez	eu	vous	avez	été
ils	ont	eu	ils	ont	été

Das Plusquamperfekt/le plus-que-parfait

j'	avais	eu	j'	avais	été
tu	avais	eu	tu	avais	été
il	avait	eu	il	avait	été
nous	avions	eu	nous	avions	été
vous	aviez	eu	vous	aviez	été
ils	avaient	eu	ils	avaient	été

Das Passé antérieur/le passé antérieur

j'	eus	eu	j'	eus	été
tu	eus	eu	tu	eus	été
il	eut	eu	il	eut	été
nous	eûmes	eu	nous	eûmes	été
vous	eûtes	eu	vous	eûtes	été
ils	eurent	eu	ils	eurent	été

Das Konditional I/le conditionnel

j'	aurais	je	serais
tu	aurais	tu	serais
il	aurait	il	serait
nous	aurions	nous	serions
vous	auriez	vous	seriez
ils	auraient	ils	seront

Das Konditional II/le conditionnel passé

j'	aurais	eu	j'	aurais	été
tu	aurais	eu	tu	aurais	été
il	aurait	eu	il	aurait	été
nous	aurions	eu	nous	aurions	été
vous	auriez	eu	vous	auriez	été
ils	auront	eu	ils	auraient	été

Der Konjunktiv Präsens/le subjonctif présent

que j'	aie	que je	sois
que tu	aies	que tu	sois
qu'il	ait	qu'il	soit
que nous	ayons	que nous	soyons
que vous	ayez	que vous	soyez
qu'ils	aient	qu'ils	soient

Der Konjunktiv Imperfekt/le subjonctif imparfait*

que j'	eusse	que je	fusse
que tu	eusses	que tu	fusses
qu'il	eût**	qu'il	fût**
que nous	eussions	que nous	fussions
que vous	eussiez	que vous	fussiez
qu'ils	eussent	qu'ils	fussent

*Der Konjunktiv Imperfekt wird so gut wie gar nicht mehr gebraucht.
**Auch in der Literatur findet man lediglich die Formen der 3. Person Singular.

Übersicht über weitere Formen von «avoir» und «être»

Der Infinitiv/l'infinitif	
avoir	être
Der Imperativ/l'impératif	
aie ayons ayez	sois soyons soyez
Das Partizip Präsens/le participe présent	
ayant	étant
Das Gérondif/le gérondif	
en ayant	en étant
Das Partizip Perfekt/le participe passé	
eu,e	été

Übersicht über die wichtigsten unregelmäßigen Verben

Verb	Präsens	Futur	Passé simple	Partizip Perfekt
aller**	je vais tu vas il va nous allons vous allez ils vont Imperativ: va, allons, allez Konjunktiv Präsens: que j'aille, que nous allions, qu'ils aillent	j'irai	j'allai	allé,e
apercevoir*	j' aperçois nous apercevons ils aperçoivent	j'apercevrai	j'aperçus	aperçu,e
boire*	je bois nous buvons ils boivent	je boirai	je bus	bu,e
conduire*	je conduis nous conduisons ils conduisent	je conduira	je conduisis	conduit,e
connaître*	je connais il connaît nous connaissons ils connaissent	je connaîtrai	je connus	connu,e
construire*	je construis nous construisons ils ils construisent	je construirai	je construisis	construit,e
courir*	je cours nous courons ils courent	je courrai	je courus	couru,e
craindre*	je crains nous craignons ils craignent	je craindrai	je craignis	craint,e

* Die Verben werden mit «avoir» konjugiert. **Die Verben werden mit «être» konjugiert.

Verb	Präsens	Futur	Passé simple	Partizip Perfekt
croire*	je crois nous croyons ils croient	je croirai	je crus	cru,e
devoir*	je dois nous devons ils doivent	je devrai	je dus	dû, due
dire*	je dis nous disons vous dites	je dirai	je dis	dit,e
dormir*	je dors nous dormons ils dorment	je dormirai	je dormis	dormi
écrire*	j'écris nous écrivons ils écrivent	j'écirai	j'écrivis	écrit,e
faire*	je fais nous faisons vous faites ils font	je ferai	je fis	fait,e
falloir*	il faut Imperfekt: il fallait Konjunktiv Präsens: qu'il faille	il faudra	il fallut	fallu
lire*	je lis nous lisons ils lisent	je lirai	je lus	lu,e
mentir*	je mens nous mentons ils mentent	je mentirai	je mentis	menti
mettre*	je mets nous mettons ils mettent	je mettrai	je mis	mis,e
offrir*	j' offre nous offrons ils offrent	j'offrirai	j'offris	offert,e

* Die Verben werden mit «avoir» konjugiert. **Die Verben werden mit «être» konjugiert.

Verb	Präsens	Futur	Passé simple	Partizip Perfekt
ouvrir*	j' ouvre nous ouvrons ils ouvrent	j'ouvrirai	j'ouvris	ouvert,e
partir**	je pars nous partons ils partent	je partirai	je partis	parti,e
plaindre*	je plains il plaint nous plaignons ils plaignent	je plaindrai	je plaignis	plaint,e
plaire*	je plais il plaît nous plaisons ils plaisent	je plairai	je plus	plu
pouvoir*	je peux nous pouvons ils peuvent Frageform 1. Person Singular Präsens: puis-je? Konjunktiv Präsens: que je puisse, que nous puissions	je pourrai	je pus	pu
prendre*	je prends il prend nous prenons ils prennent	je prendrai	je pris	pris,e
recevoir*	je reçois nous recevons ils reçoivent	je recevrai	je reçus	reçu,e
rire*	je ris nous rions ils rient	je rirai	je ris	ri
savoir*	je sais nous savons ils savent Imperativ: sache, sachons, sachez Partizip Präsens: sachant Konjunktiv Präsens: que je sache, que nous sachions	je saurai	je sus	su,e

* Die Verben werden mit «avoir» konjugiert. **Die Verben werden mit «être» konjugiert.

Verb	Präsens	Futur	Passé simple	Partizip Perfekt
sentir*	je sens nous sentons ils sentent	je sentirai	je sentis	senti,e
sortir**	je sors nous sortons ils sortent	je sortirai	je sortis	sorti,e
souffrir*	je souffre nous souffrons ils souffrent	je souffrirai	je souffris	souffert,e
suffire*	je suffis nous suffisons ils suffisent	je suffirai	je suffis	suffi
suivre*	je suis nous suivons ils suivent	je suivrai	je suivis	suivi,e
tenir*	je tiens nous tenons ils tiennent	je tiendrai	je tins	tenu,e
vendre*	je vends il vend nous vendons ils vendent	je vendrai	je vendis	vendu,e
venir**	je viens nous venons ils viennent	je viendrai	je vins	venu,e
vivre*	je vis nous vivons ils vivent	je vivrai	je vécus	vécu,s
voir*	je vois nous voyons ils voient	je verrai	je vis	vu,e
vouloir*	je veux nous voulons ils veulent Imperativ: veuille, veuillons, veuillez Konjunktiv Pärsens: que je veuille, que nous voulions	je voudrai	je voulus	voulu,e

* Die Verben werden mit «avoir» konjugiert. **Die Verben werden mit «être» konjugiert.

La syntaxe
Der Satzbau

Der Fragesatz

1. Es gibt zwei Sorten von Fragen:

➡ Fragesätze, auf die man die Antwort „ja“ oder „nein“ erwartet.
Sie heißen „Entscheidungsfragen“.
Beispiel: Kommst du morgen? – Ja!
Tu viens demain? – Oui.

➡ Fragesätze, auf die man eine Auskunft erwartet.
Sie heißen „Ergänzungsfragen“ und beginnen mit einem Fragewort.
Beispiel: Wer kommt morgen? – Alle meine Freunde.
Qui vient demain? – Tous mes amis.

Grammatische Fachausdrücke

Deutsch:	Satzbau	Entscheidungsfrage (Gesamtfrage)	Ergänzungsfrage (Teilfrage)
Lateinisch:	Syntax	–	–
Französisch:	la syntaxe	l'interrogation totale	l'interrogation partielle

2. Die wichtigsten Fragepronomen sind «qui», «que» und «quoi».

➡ «Qui» fragt meist nach dem Subjekt.
Beispiel: Qui vient demain? – Wer ...?
Qui est sur la table? – Was ...?

➡ «Qui» fragt auch nach dem Objekt, wenn eine Person gemeint ist.
Beispiel: Qui attends-tu? – Wen ...?
Qui cherchez-vous? – Wen ...?

➡ «Que» fragt nach dem Objekt, wenn eine Sache gemeint ist.
Beispiel: Que cherchez-vous? – Was ...?
Que lis-tu? – Was ...?

➡ Statt «que» wird «quoi» gebraucht, wenn eine Präposition vorausgeht.
Beispiel: De quoi parlez-vous? – Über was ...?
À quoi penses-tu? – An was ...?

➡ «Quoi» steht auch allein mit Infinitiv oder am Ende der Frage.
Beispiel: Quoi? Quoi faire maintenant?
Tu fais quoi? (Aber: Que fais-tu?)

3. Den deutschen Fragepronomen „welcher“, „welche“, „welches“ entspricht im Französischen «quel». Die Formen sind:

	männlich	**weiblich**
Einzahl	quel	quelle
Mehrzahl	quels	quelles

Beispiel: Quel temps fait-il?
Quelle est votre voiture, Monsieur?

4. Ergänzungsfragen können auch mit folgenden Fragewörtern eingeleitet werden:

où ...? – wo ...?, wohin ...?
quand ...? – wann ...?
pourquoi ...? – warum ...?
combien ...? – wieviel ...?
comment ...? – wie ...?

Beispiel: Comment allez-vous? – Wie geht es Ihnen?
Depuis quand êtes-vous à Paris? – Seit wann sind Sie in Paris?

5. Bei der Bildung eines Fragesatzes müssen im Französischen mehrere Möglichkeiten berücksichtigt werden, von denen einige besonders beim Sprechen und andere vorzugsweise beim Schreiben verwendet werden.

➠ Beim Sprechen machen es sich die Franzosen einfach: Sie verwenden einen Aussagesatz als Fragesatz und zeigen durch das Heben der Stimme an, daß eine Frage gemeint ist.
Beispiel: Mme Dubois a téléphoné?
Elle est à Paris?
Elle est à Paris depuis quand?
Depuis quand elle est à Paris?

➠ Beim Schreiben werden vorzugsweise Fragen mit Inversion verwendet, das heißt: das Verb steht vor dem Subjekt.
Beispiel: A-t-elle téléphoné?*
Est-elle à Paris?
Depuis quand est-elle à Paris?

* Ein «-t-» steht zwischen Verbformen auf «-a» oder «-e» und den Pronomen «il», «elle», «on», um die Aussprache zu erleichtern:
Beispiel: Où va-t-il? Que cherche-t-elle? A-t-on téléphoné?

Ist das Subjekt ein Substantiv oder ein Name, wird es vorausgestellt; die Umstellung geschieht durch ein zusätzliches Pronomen.
Beispiel: <u>Mme Dubois</u>, a-t-elle téléphoné?

➠ Außerdem gibt es die Umschreibung mit est-ce que.
Beispiel: Est-ce que Mme Dubois a téléphoné?
Depuis quand est-ce qu'elle est à Paris?
Qu'est-ce qu'elle a dit?
Die Umschreibung mit «est-ce que» wird vergleichsweise selten gebraucht und vorwiegend beim Sprechen.

Leichte Übungen

I. Stelle Fragen. (siehe Absatz 5)

La mère parle avec sa fille.
Elle veut savoir

Aussagesatz als Frage:

1. ...si elle a le temps de faire le ménage aujourd'hui.
   Tu fais ______________________________?
2. ... si elle fait les courses.
   Tu ______________________________?
3. ... si elle va chez son ami Sandrine.
   ______________________________?
4. ... si elle est là, ce soir.
   ______________________________?

Inversion:

5. ... où elle va, ce soir.
   ______________________________?
6. ... ce qu'elle fait chez Sandrine.
   ______________________________?
7. ... pourquoi elle va si souvent chez Sandrine.
   ______________________________?
8. ... quand elle rentre?
   ______________________________?

(Bilde alle 8 Fragen auch mit «est-ce que».)

II. Ergänze «quel ...». (siehe Absatz 3)

Je viens d'acheter une nouvelle voiture.
1. __________ voiture?
   La voiture rouge.
2. __________ marque est -ce? (la marque)
   C'est une voiture allemande, une BMW.
3. __________ est le prix?

Schwierigere Übungen

III. Posez les questions les plus simples.

M. Armand fera un voyage en Australie. Il dit que le vol durera 26 heures. Ses collègues veulent savoir…

1. … quand il part.
   ______________________________?
2. …si le voyage n'est pas trop fatigant.
   ______________________________?
3. …si Mme Armand l'accompagne.
   ______________________________?
4. … le prix du voyage.
   ______________________________?
5. … ce qu'il fera en Australie.
   ______________________________?
6. … s'il a des amis en Australie.
   ______________________________?
7. … s'il parle anglais.
   ______________________________?
8. …le temps qu'il fait en juillet en Australie?
   ______________________________?
9. … s'il fera des excursions à l'intérieur.
   ______________________________?
10. … quand il sera de retour.
    ______________________________?

IV. Posez des questions.

Mme Duverger se plaint[1] de son mari:

1. Entre mon mari et moi, tout irait[2] bien, s'il n'y avait pas le sport. (Je ne sais pas combien de temps il est absent pour les matchs et l'entraînement[3].) Je dois supporter ses copains et leurs histoires auxquelles je ne comprends rien.
2. Mme Martin: (Je ne comprends pas ce que vous avez contre le sport.)
3. (Je veux savoir si vous détestez[4] tous les sports) ou juste celui que pratique votre mari?
4. (Dites-moi quel sport c'est exactement.)
5. (Je ne comprends pas pour quelle raison vous ne pratiquez pas un sport de votre choix[5].) Inscrivez-vous dans un club. Pas le même que le sien[6], ainsi il n'aura aucun droit de regard. Ainsi vous pourrez aussi parler de vos exploits[7].

[1]beklagen [2]würde gehen [3]Training [4]hassen [5]Wahl [6]der seine [7]Taten

Der verneinte Satz

1. Im Deutschen und im Englischen wird die Verneinung durch <u>ein</u> Wort ausgedrückt, im Französischen sind es meist zwei Wörter.
   Beispiel: nicht – not – ne … pas
   niemals – never – ne … jamais
   niemand – nobody – ne … personne

Grammatische Fachausdrücke

Deutsch:	Verneinung
Lateinisch:	Negation
Französisch:	la négation

2. Die häufigste Verneinung ist «ne … pas» (nicht). Vor einem Wort, das mit Vokal oder stummem H beginnt, «n'».

   ➠ «Ne» steht vor der Verbform, «pas» dahinter.
   Beispiel: Jean n'<u>est</u> pas là.
   Il n'<u>a</u> pas téléphoné?
   Tu ne <u>sais</u> pas ou il est?

   ➠ «Ne pas» steht vor dem verneinten Infinitiv.
   Beispiel: Être ou ne pas <u>être</u>.
   Dépêche–toi pour ne pas <u>partir</u> trop tard.

3. Die Verneinung kann auch ausgedrückt werden durch:
   ne … pas du tout – überhaupt nicht
   ne … pas encore – noch nicht
   ne … pas non plus – auch nicht
   ne … plus – nicht mehr
   ne … guère – kaum
   ne … jamais – niemals
   ne … personne – niemand
   ne … rien – nichts

4. Bei «ne … personne» und «ne … rien» gibt es zwei Besonderheiten:

➠ „Niemand“ kann Subjekt (S) oder Objekt (O) im Satz sein.
Als Subjekt stehen «personne ne …» vor dem Verb.
Beispiel: Personne n'est venu. (S) – Wer oder was …?
Personne n'est là.
Je ne vois personne. (O) – Wen …?
Je n'attends personne.

➠ „Nichts„ kann ebenfalls Subjekt (S) oder Objekt (O) im Satz sein.
Als Subjekt stehen «rien ne …» vor dem Verb.
Beispiel: Rien ne se passe. (S) – Wer oder was …?
Rien ne lui plaît.
Elle ne boit rien (O) – Wen oder was …?
Elle n'a rien dit.

Leichte Übungen

I. Verneine die Sätze. (siehe Absatz 2)

Mme Duval parle avec sa fille.

1. Tu as le temps de faire le ménage?
   Non, maman, je ______________________________.
2. Tu fais les courses?
   Non, je ______________________________.
3. Tu vas chez ton amie Sandrine?
   Non, maman, je ______________________________.
4. Elle vient ici?
   Non, elle ______________________________.
5. Tu es donc là, ce soir?
   Non, maman, je ______________________________.
   Que fais-tu donc?

II. Verneine die Sätze. (Siehe Absatz 2)

Après l'accident.

1. Vous êtes blessée, Madame?
   Non, je ______________________________.
2. Vous avez lu le panneau[1]: «Cédez[2] le passage»?
   Non, je ______________________________.
3. Vous avez vu l'autre voiture?
   Non, je ______________________________.

[1]Verkehrsschild [2]Lassen

4. Vous avez freiné[1]?
   Non, je ________________________________.
5. Vous savez que vous êtes coupable[2]?
   Non, je ________________________________.
6. Comment? Vous _______ avez _______ respecté la priorité[3].

[1]bremsen [2]schuldig [3]Vorfahrt

Schwierigere Übungen

III. Employez la négation.

M. Dupont téléphone à son ami:

1. Allô, allô … Il ___y a___ (ne … personne)
   Allô, allô … C'est curieux[1].
2. ___est___ là. (ne … personne)
3. Eh bien, je ___peux___ faire. (ne … rien)
4. J'ai voulu inviter mon ami au concert;
   il aime la musique, pour lui
   ___est___ plus beau que la musique. (ne … rien)

[1]merkwürdig

IV. Employez la négation.

Michel est malheureux.

1. Michel: Depuis six mois, je connais une fille
   qui m'aime et que j'aime. Nous souhaitons nous
   marier. Mais ses parents ___sont___ (ne … pas)
   d'accord parce que je suis en chômage[1].
2. Ce ___est___ ma faute. (ne … pas)
3. Je ___suis___ coupable!
4. Son ami: Je comprends votre révolte, mais
   comprenez aussi les parents de cette jeune fille:
   ils ___savent___ comment vous allez vivre, (ne … pas)
   si vous ___gagnez___. Votre entreprise[2] a dû (ne … rien)
   fermer? Ou ___avez-vous___ travaillé? (ne … jamais)
5. Que faites-vous pour trouver du travail? ___perdez___ (ne … pas)
   courage si vos recherches[3] ___aboutissent[4]___ (ne … pas)
   tout de suite à un bon résultat.
6. Peut-être pourriez-vous entreprendre un stage de
   recyclage[5]. ___laissez___ au hasard[6] et mettez (ne … rien)
   toutes les chances de votre côté.

[1]Arbeitslosigkeit [2]Unternehmen [3]Suche [4]führen [5]Umschulungskurs [6]Zufall

V. Employez la négation.

1.	Une hirondelle[1] ___fait___ le printemps.	(ne ... pas)
2.	On _prend_ les mouches[2] avec du vinaigre[3].	(ne ... pas)
3.	Qui ___risque___, ___a___.	(ne ... rien, ne ... rien)
4.	___va___ plus.	(ne ... rien)
5.	L'habit[4] ___fait___ le moine[5].	(ne ...pas)
6.	Des goûts[6] et des couleurs il _faut_ discuter.	(ne ...pas)

[1]Schwalbe [2]Fliege [3]Essig [4]das Gewand [5]Mönch [6]Geschmack

Die Einschränkung

1. Die Einschränkung wird im Deutschen durch „nur" ausgedrückt. Im Französischen gibt es drei Übersetzungsmöglichkeiten für „nur": «seul», «seulement», «ne ... que».

Grammatische Fachausdrücke

Deutsch:	Einschränkung
Lateinisch:	–
Französisch:	la restriction

2. Das Subjekt wird durch «seul» eingeschränkt. «Seul» wird wie ein Adjektiv verändert (siehe Seite 50, Absatz 2).

➠ «Seul» steht vor oder hinter dem Substantiv oder Namen.
Beispiel: Mme Martin seule n'est pas venue. – Nur Mme Martin ist nicht gekommen.
Seule Mme Martin n'est pas venue. – Mme Martin ist nicht gekommen.

➠ «Seul» steht immer hinter dem Pronomen – von dem die „unverbundene" Form gebraucht werden muß (siehe Seite 23, Absatz 2).
Beispiel: Lui seul a téléphoné. – Nur er hat telefoniert.

3. Das Objekt und die Umstandsbestimmung* werden durch «seulement» oder «ne … que» eingeschränkt.

Objekt

Beispiel:	Le matin, elle boit seulement un café au lait. Le matin, elle ne boit qu'un café au lait.	– Morgens trinkt sie nur einen Milchkaffee.

Umstandsbestimmung

Beispiel:	Elle travaille seulement l'après-midi. Elle ne travaille que l'après-midi.	– Sie arbeitet nur nachmittags.

Hinweis: Wenn kein Verb im Satz vorkommt, muß ausschließlich «seulement» gebraucht werden.

Beispiel: Seulement l'après-midi. – Nur am Nachmittag.
Un café seulement. – Nur einen Kaffee.

4. Das Verb wird durch «seulement» oder «ne faire que» eingeschränkt.

Beispiel:	Pendant toute l'excursion, Sylvie et son amie chantent seulement. … Sylvie et son amie ne font que chanter.	– … machen nichts anderes als singen.

Leichte Übung

I. Schränke die unterstrichenen Wörter ein. (siehe Absatz 2–4)

Gisèle:

1. Bernard me comprend. (2 Möglichkeiten)
2. Lui est mon ami.
3. Je pense à lui. (2 Möglichkeiten)
4. Il a dansé avec moi. (2 Möglichkeiten)
5. En dansant il a souri. (2 Möglichkeiten)

Schwierigere Übungen

II. Employez «seul», «seulement», «ne … que».

1. Jeanine: Je _______ ai _______ une ambition[1]: faire du théâtre et du cinéma. D'ailleurs, je suis sûre que j'ai le talent nécessaire.
2. Je _______ serai heureuse _______ si je deviens une vedette[2] connue.

[1] Ehrgeiz [2] Star

*Man fragt nach der Umstandsbestimmung der Zeit: „Wann …?", „Wie lange …?"

Une réponse possible: Vous au moins, vous êtes sûre de vous[1]!

3. _______ savez-vous que sur les 7000 acteurs en France, à peine 1500 vivent de leur profession, et que _______ 50 sont des vraies vedettes?
4. Sachez aussi que le cinéma et le théâtre _______ sont intéressants _______ pour celles et ceux qui ont une vraie motivation et non pas _______ le désir d'être des vedettes.
5. Avez-vous la vocation[2]? Elle _______ est souvent _______ le résultat de la pratique[3]. Commencez par l'amateurisme. Inscrivez-vous dans la section théâtrale d'une maison de jeunes et de la culture.

[1]selbstsicher [2]Berufung [3]Praxis

III. Employez «seul», «seulement», «ne ... que».

Quelques maximes:

1. L'homme ne vit pas _________ de pain.
2. On _________ prête[1] _________ aux riches.
3. Le résultat _________ compte[2].
4. La plus belle fille _________ peut donner _________ ce qu'elle a.
5. Le vrai[3] _________ est aimable.
6. Dieu _________ est grand.

[1]borgen [2]zählen [3]das Wahre

Der Vergleich – Der Vergleichssatz

1. Im Deutschen wird der Vergleich mit „als" oder „wie" ausgedrückt.
   Beispiel: Das Kleid von Sandrine ist so schön wie das von Nathalie.
   Das Kleid von Yvonne ist noch schöner als das von Nathalie.
   Im Französischen wird der Vergleich durch «que» oder «comme» ausgedrückt. Die französischen Anwendungsregeln entsprechen nicht den deutschen.

Grammatische Fachausdrücke

Deutsch:	Vergleich
Lateinisch:	–
Französisch:	la comparaison

2. Im Vergleich steht «que», wenn ein „hinweisendes Wort“ vorausgeht, zum Beispiel: plus – mehr, moins – weniger, aussi – so, même – selbe, autre – andere, autant – soviel.

Beispiel: La robe d'Yvonne est plus belle que celle de Nathalie. – Das Kleid von Yvonne ist schöner als das von Nathalie.
Elle l'a achetée dans un autre magasin que Nathalie. – Sie hat es in einem anderen Geschäft gekauft als Nathalie.

Wenn kein hinweisendes Wort vorausgeht, steht «comme».

Beispiel: Yvonne s'habille comme Marilyn Monroe. – Yvonne kleidet sich wie Marilyn Monroe.
Elle est belle comme cette vedette américaine. – Sie ist so schön wie dieser amerikanischer Star.

3. Bei den hinweisenden Wörtern gibt es eine Schwierigkeit. Man muß zwischen «aussi ... que» und «autant ... que» unterscheiden.

➠ «Aussi ... que» steht beim Adjektiv und beim Adverb.
Beispiel: Elle est aussi belle que son amie. – Sie ist so schön wie ihre Freundin.
Elle danse aussi bien que son amie. – Sie tanzt so gut wie ihre Freundin.

➠ «Autant ... que» steht beim Verb oder beim Substantiv.
Beispiel: Elle s'amuse autant que son amie. – Sie amüsiert sich ebensosehr wie ihre Freundin.
Elle a autant de plaisir que son amie. – Sie hat ebensoviel Spaß wie ihre Freundin.

4. Die regelmäßige Steigerung der Adjektive und Adverbien erfolgt mit «plus» und «le plus».

grand → plus grand → le plus grand
vite → plus vite → le plus vite

Beispiel: Alain est plus grand que son frère. – Alain ist größer als sein Bruder.
Il court plus vite que lui. – Er rennt schneller als er.

Unregelmäßige Steigerungen:

Adjektiv		
bon ↗	meilleur ↗	le meilleur
Adverbien		
bien ↗	mieux ↗	le mieux
beaucoup ↗	plus ↗	le plus
peu ↗	moins ↗	le moins

Leichte Übung

I. Verwende «que» oder «comme». (siehe Absatz 2)

1. Il fait doux[1] __________ au printemps[2].
   Aujourd'hui il fait plus doux __________ au printemps.
2. Tes yeux sont bleus __________ le ciel.
   Tes yeux sont aussi bleus __________ le ciel.
3. Sylvie est blonde __________ sa mère.
   Mais elle est encore plus belle __________ sa mère.
4. Pierre est rusé __________ un renard.[3].
   Pierre est plus rusé __________ un renard.
5. Frédéric écrit __________ il parle.
   Il fait les mêmes fautes __________ son voisin.

[1]mild [2]Frühling [3]Fuchs

Schwierigere Übungen

II. Employez «que» ou «comme».

Un Marseillais parle d'un terrible tremblement de terre[1] qui a eu lieu quand il était à San Francisco. Quelqu'un dit:
– Vous avez eu beaucoup de peur?
– Non, pas trop; la terre tremblait plus __________ moi.

[1]Erdbeben

III. Employez «que» ou «comme».

Voltaire* avait à son service un garçon très paresseux[1].

1. – Joseph, lui dit un jour Voltaire, apporte-moi mes chaussures. Joseph obéit, mais Voltaire remarqua que ses chaussures étaient sales ________ elles l'étaient hier.
   – Tu as oublié de brosser[2] mes chaussures?
2. – Non, monsieur, dit Joseph, mais il pleut, et dans une heure vos chaussures seront aussi sales __________ à présent.
   Voltaire sourit et s'en alla sans répondre. Mais Joseph courut après lui:
   – Monsieur, la clé du buffet[3], pour déjeuner!
3. – A quoi bon déjeuner? Dans deux heures tu auras aussi faim ____ à présent.

[1]faul [2]abbürsten [3]Küchenschrank

*Voltaire (1694–1778), écrivain et philosophe français

Der Nebensatz mit Konjunktion

1. Konjunktionen sind „Bindewörter". Sie verbinden

- ➠ Satzteile
  Beispiel: ich und du
- ➠ gleichartige Sätze
  Beispiel: Ich beeile mich, denn es ist schon sehr spät.
- ➠ Haupt- und Nebensätze
  Beispiel: Ich wußte nicht, daß du schon da bist.

Grammatische Fachausdrücke

Deutsch:	Bindewort	Nebensatz
Lateinisch:	Konjunktion	–
Französisch:	la conjonction	la proposition subordonnée

2. Die wichtigsten Konjunktionen, die Satzteile oder gleichartige Sätze verbinden, sind:

et	–	und
ou	–	oder
mais	–	aber
cependant	–	jedoch
quand même	–	trotzdem
non seulement ... mais aussi	–	nicht nur ... sondern auch
d'une part ... d'autre part	–	einerseits ... andererseits
d'un côté ... d'un autre côté	–	einerseits ... andererseits
car	–	denn
c'est pourquoi	–	deshalb
donc	–	folglich

Beispiel: Toi et moi
Je me dépêche, car il est déjà très tard.

3. Die wichtigsten Konjunktionen, die Haupt- und Nebensätze verbinden, sind:

que	–	daß
quand	–	als, wenn
pendant que	–	während
depuis que	–	seitdem
dès que	–	sobald

avant que* – bevor
après que – nachdem
jusqu'à ce que* – bis
parce que – weil
puisque – da ja
pour que* – damit
de sorte que – so daß
quoique* – obwohl
tandis que – wohingegen
si (siehe Seite 126f.) – wennn
pourvu que* – vorausgesetzt, daß

Zwei Konjunktionen müssen besonders beachtet werden:

➠ „Während" kann man mit «pendant» und «pendant que» übersetzen.
Ein Nebensatz wird mit «pendant que» eingeleitet.
Beispiel: pendant son voyage ... – während ihrer Reise ...
pendant qu'elle est en voyage ... – während sie auf Reisen ist ...

➠ „Bis" kann man mit «jusqu'à» und «jusqu'à ce que» übersetzen.
Ein Nebensatz wird mit «jusqu'à ce que» eingeleitet.
Beispiel: jusqu'à son départ ... – bis zu ihrer Abfahrt ...
jusqu'à ce qu'elle parte ... – bis sie abfährt ...

4. Die indirekte Rede wird im Französischen mit «que» (daß) eingeleitet. (Im Gegensatz zum deutschen und englischen Sprachgebrauch darf das «que» nicht weggelassen werden!)

Die indirekte Entscheidungsfrage wird mit «si» (ob) eingeleitet.
Beispiel: Marcel me dit qu'il joue au tennis.
– Marcel sagt mir, daß er Tennis spielt.
Je lui demande s'il aime ce sport plus que le football.
– Ich frage ihn, ob er diesen Sport lieber mag als Fußball.

*Diese Konjunktionen verlangen den Subjonctif (siehe Seite 88, Absatz 4).

Leichte Übung

I. Ergänze die Konjunktionen. (siehe Absatz 2)

Les Martin ont invité des amis. Mme Martin prépare le dîner; elle achète ce qu'il il faut.	
1. Elle achète du fromage _______ du beurre.	(und)
2. Elle achète des légumes _______ de la viande.	(und)
Mme Martin:	
3. Faut-il acheter du vin _______ du champagne?	(oder)
4. Faut-il acheter des fruits _______ de la glace?	(oder)
M. Martin:	
5. Il faut acheter _______ du vin _______ du champagne.	(nicht nur .. sondern auch)
6. Il faut acheter _______ des fruits _______ de la glace.	(nicht nur ... sondern auch)
7. Il faut acheter un bon vin; _______ nos invités aiment le vin.	(denn)
8. Il faut acheter de la glace, _______ la petite Anne aime la glace.	(denn)
Mme Martin:	
9. _______ je vais acheter du champagne et de la glace.	(folglich)

Schwierigere Übungen

II. Employez les conjonctions.

1. Mme Martin fait son ménage ...	
_________ M. Martin rentre de son bureau.	(bevor)
_________ M. Martin rentre de son bureau.	(als)
2. M. Martin aide sa femme ...	
_________ il est rentré de son bureau.	(nachdem)
_________ elle n'a pas encore préparé le dîner.	(weil)
_________ il soit fatigué.	(obwohl)

III. Employez «pendant» ou «pendant que».

1. _________ mon séjour à Paris, j'ai été souvent au théâtre.
2. _________ j'étais à Paris, ma femme a fait un voyage à Rome.
3. _________ ce temps, nous avons téléphoné chaque jour.
4. Un jour elle a téléphoné _________ j'étais au théâtre.

IV. Employez «jusqu'à» ou «jusqu'à ce que».

1. Je resterai encore à Paris _________ samedi.
2. Mon ami restera _________ dimanche.
3. J'attends devant l'hôtel _________ mon ami vienne.
4. Nous attendons, tous les deux, _________ un taxi s'arrête.
5. Nous serons absents _________ 11 heures.

V. Employez «si» ou «que».

1. Fréderic me demande _________ j'ai encore assez d'argent.
2. Il veut savoir _________ il faut changer de l'argent.
3. Il me dit _________ il veut acheter une belle bague[1] pour sa femme.
4. Il ajoute _________ sa femme aime les bijoux[2].
5. Il me pose la question _______ j'apporterai un cadeau pour ma femme.
6. Je lui réponds _________ j'ai acheté un beau vase.

[1]Ring [2]Juwelen

VI. Employez: «donc», «mais», «parce que», «pendant», «pendant que», «puisque», «que», «quoique».

1. Une candidate au baccalauréat[1] a travaillé _______ toute une année pour rien. Marie-Thérèse, 17 ans, croyait avoir été collée[2] l'année dernière.
2. _______ elle se présentait la semaine dernière en tremblant, _______, cette fois, elle connaisse son programme sur le bout du doigt.
3. Après la première journée d'épreuves[3], la jeune fille était ravie[4], _______ tout avait bien marché.
4. _______ le proviseur[5] du lycée lui dit, en souriant, _______ il était inutile _______ elle continue à passer cet examen... _______ elle était déjà reçue l'année dernière.
5. La jeune fille a quitté la salle d'examen _______ les autres candidats la regardaient avec envie[6].

[1]Abitur [2]durchgefallen [3]Prüfungstag [4]glücklich [5]Direktor [6]Neid

Der Nebensatz mit «si»

1. Die Sätze mit «si» machen besondere Schwierigkeiten – ähnlich wie die «if-clauses» im Englischen oder die „Wenn-Sätze" im Deutschen.
   Um die Regeln verstehen zu können, muß zunächst geklärt werden, was „reale" und was „irreale" Bedingungssätze sind.

2. Man muß zwischen den realen und den irrealen Bedingungssätzen unterscheiden.

➡ Die Bedingung ist realisierbar. Sie ist „real".
Beispiel: Wenn du heute abend ausgehen willst, kann ich dich begleiten.
Der Satz sagt: Es ist durchaus möglich, daß du ausgehen willst.

➡ Die Bedingung entspricht nicht den Tatsachen. Sie ist „irreal".
Beispiel: Wenn ich genug Geld hätte, würde ich ein neues Auto kaufen.
Der Satz sagt: Ich habe leider nicht genug Geld.

3. Welche Zeiten stehen im «si»-Satz und welche im Hauptsatz?
(Zur Bildung des Konditionals siehe Seite 83ff.)

➡ Si tu veux sortir, je peux (pourrai) t'accompagner.

Realer si-Satz:	Hauptsatz:
Präsens	Präsens oder Futur

➡ Si j'avais assez d'argent, j'achèterais une voiture neuve.

Irrealer si-Satz:	Hauptsatz:
Imparfait	Konditional I

Dieser irreale «si»-Satz bezieht sich auf die Gegenwart.

➡ Si j'avais eu assez d'argent, j'aurais acheté une voiture neuve.

Irrealer si-Satz:	Hauptsatz:
Plusquamperfekt	Konditional II

Dieser irreale «si»-Satz bezieht sich auf die Vergangenheit.

Leichte Übungen

I. *Vervollständige die Sätze.* (siehe Absatz 3)

Si j'étais riche …

1. ______________________ (acheter une voiture neuve)
2. ______________________ (avoir une maison confortable)
3. ______________________ (faire de longs voyages)
4. ______________________ (ne plus travailler au bureau)
5. ______________________ (rester au lit jusqu'à midi)

Mais, hélas, la réalité est tout autre!

II. Vervollständige die Sätze. (siehe Absatz 3)

Je ferais de longs voyages …

1. si j' ________________ (être riche)
2. si j' ________________ (avoir plus d'argent)
3. si j' ________________ (avoir plus de congé)
4. si j' ________________ (être encore plus jeune)
5. si ma femme __________ (ne pas être malade)

Schwierigere Übungen

III. Complétez les phrases.

1. Un paysan parle avec un marin[1]. Il lui demande où son père est mort.
   – Dans un naufrage[2].
   – Et votre grand-père?
   – Dans un naufrage aussi.
   – Eh bien! dit le paysan, si j' (être) vous, je n' (aller) pas en mer.
2. Le marin sourit et demande où le père du paysan est mort.
   – Dans son lit, naturellement.
   – Et votre grand-père?
   – Dans son lit, également.
   – Eh bien! dit le marin, si j' (être) vous, je n' (oser[3]) plus aller au lit.

[1]Seemann [2]Schiffbruch [3]wagen

IV. Complétez.

Albert dit: Je vis[1] avec une jeune fille de 21 ans qui a un fils d'une précédente[2] union. Je n'arrive pas à me faire aimer de ce garçon qui voit son père tous les quinze jours. C'est comme si je n' (exister) pas!

[1]leben [2]vorhergehend

V. Complétez les phrases.

1. Ma chère Suzanne.
   J'ai appris tes chagrins[1]: tu veux te marier avec Philippe, mais tes parents s'y opposent. Si les apparences[2] ne me (tromper[3]) pas je (croire) que c'est un garçon sérieux et sympathique.
2. Je suis certaine que si tes parents (connaître) mieux Philippe, ils le (juger[4]) à sa juste valeur. – Bon courage, ma chère Suzanne. Ta grand-mère.

[1]Kummer [2]Augenschein [3]täuschen [4]beurteilen

Der Relativsatz

1. Relativsätze werden durch ein Relativpronomen eingeleitet. Die häufigsten Relativpronomen sind «qui» und «que» (siehe Seite 43ff.).

Grammatische Fachausdrücke

Deutsch:	Bezugswortsatz
Lateinisch:	Relativsatz
Französisch:	la proposition relative

2. Im Französischen sind Relativsätze sehr beliebt; sie werden viel häufiger gebraucht als im Deutschen und Englischen.
   Beispiel: die aufgehende Sonne – le soleil qui se lève ...
   die ankommenden Besucher – les visiteurs qui arrivent ..
   Man brachte das Kind mit gebrochenem Arm ins Krankenhaus. – On a hospitalisé l'enfant qui a le bras cassé.

3. Beim Gebrauch von französischen Relativsätzen muß man eine Regel strikt beachten: Der Relativsatz muß unmittelbar seinem Beziehungswort folgen, damit keine Mißverständnisse entstehen.
   Beispiel: Où sont les valises des touristes qu'on cherche partout?

   Wen sucht man: die Koffer oder die Touristen?

4. Zur Beliebtheit der Relativsätze trägt bei, daß man sie verkürzen kann: Das Relativpronomen (meist: «qui») und die Form von «être» können weggelassen werden.
   Beispiel: Ausführliche Form
   Sandrine
   qui est fatiguée après ce long voyage
   se repose.
   Verkürzung
   Sandrine
   – – fatiguée après ce long voyage
   se repose.

   Der verkürzte Relativsatz braucht seinem Beziehungswort nicht unmittelbar zu folgen. Er kann vorausgehen oder erst später folgen.
   Beispiel: Fatiguée après ce long voyage, Sandrine se repose.
   Sandrine se repose, fatiguée après ce long voyage.

Leichte Übungen

I. Übersetze mit einem Relativsatz. (siehe Absatz 2)

1. Die steigenden[1] Preise.
   Les prix ____________________.
2. Man sucht eine französisch sprechende Sekretärin.
   On cherche une secrétaire ____________________.
3. Das schnell fahrende[2] Auto.
   La voiture ____________________.
4. Der letzte von Gabin gedrehte[3] Film.
   Le dernier film ____________________.
5. Ein hilfsbereiter Mann.
   Un homme ____________________.

[1]monter [2]rouler [3]tourner

II. Bilde Sätze. (siehe Absatz 3)

1. Je suis au restaurant avec M. Martin …
   … que je connais depuis longtemps.
   (que = M. Martin): ____.
   (que = le restaurant): ____________________________________.*
2. M. Martin me parle d'un roman …
   … qui est très spirituel.
   (qui = M. Martin): ____.
   (qui = le roman): ____.
3. J'ai lu tous les livres de cet auteur …
   … que j'admire beaucoup.
   (que = cet auteur): _______________________________________.
   (que = les livres): _______________________________________.**

III. Verkürze die Relativsätze. (siehe Absatz 4)

1. M. Leroc qui est ingénieur chez Renault nous a invités.
   ____.
2. Mme Leroc, qui est mariée depuis deux mois, ne travaille plus.
   ____.

   Verkürzten Relativsatz an den Satzanfang stellen:
   ____.

*«Avec M. Martin» an den Satzanfang stellen.
**«De cet auteur» an den Satzanfang stellen.

3. Elle qui est une excellente cuisinière s'occupe maintenant du ménage.

____.

4. Mme Leroc nous a servi des crêpes qui ont été flambées.

____.

5. Mme Leroc qui est née à la Martinique vit à Paris depuis 10 ans.

____.

Verkürzten Relativsatz an den Satzanfang stellen:

____.

Schwierigere Übungen

IV. *Soulignez les propositions relatives elliptiques*[1].

Ce soir à la télévision:

1. 20 h 35 MAIGRET EN ARIZONA
   Téléfilm d'après Georges Simenon réalisé par Stéphane Bertin.
2. Le thème. Le commissaire Maigret et l'inspecteur Lucas, en voyage d'information aux Etats-Unis depuis trois semaines, ne trouvent pas, à leur arrivée à l'aéroport de Dallas, l'agent du FBI, chargé de les accueillir[2] ... Avec: Jean Richard (Maigret) et François Cadet (Lucas).

[1]verkürzte Relativsätze [2]empfangen

V. *Employez des propositions relatives ou des propositions relatives elliptiques.*

1. Je suis Portugaise, (je suis mariée à un Français). Nous sommes très heureux et nous allons avoir un enfant.
2. Hélas[1], mes parents, (ils habitaient jusqu'ici en France), vont repartir pour le Portugal. Cela me rend malheureuse: je n'ai jamais vécu loin d'eux!
3. Que répondre? – En vous mariant et surtout avec la venue de cet enfant, vous avez fondé votre propre famille. Il faut savoir «couper le cordon[2]» avec vos parents (vous les aimez). Ne vous inquiétez[3] pas: ce sera dur juste pour quelques semaines.
4. Par ailleurs, (vous êtes très occupée par votre bébé), vous n'aurez que peu de temps pour la mélancolie.

[1]Leider [2]Nabelschnur [3]beunruhigen

VI. Employez des propositions relatives elliptiques.

1. Le 1er juillet 1887, l'ingénieur français Gustave Eiffel commençait le montage de la Tour Eiffel; (elle était destinée à l'Exposition universelle de 1889), la tour assure aujourd'hui l'émission de la Radio-Télévision française.
2. (Il était assisté d'Emilie Nouguier, de Maurice Koechlin et de l'architecte Sauvestre), Eiffel a construit la tour avec 7175 tonnes de fer.
3. (Elle est connue dans le monde entier), la tour Eiffel est devenue le symbole de notre capitale.

Satzzeichen im Französischen

1. Es gibt im Französischen zwar keine festen Kommaregeln. Einige typische Tendenzen und Besonderheiten sollte man aber beachten.

Grammatische Fachausdrücke

Deutsch:	Zeichensetzung	Satzzeichen
Lateinisch:	Interpunktion	–
Französisch:	la ponctuation	le signe de ponctuation

2. Kommas. Im Französischen werden etwa 25 Prozent mehr Kommas gesetzt als im Deutschen und im Englischen.

➠ Besonders auffällig ist, daß Umstandsbestimmungen durch Komma abgetrennt werden können. Das geschieht regelmäßig, wenn sie am Satzanfang stehen.
Beispiel: Dans la rue Corot, il y a eu un accident. – In der Corot-Straße hat es einen Unfall gegeben.
Quelques minutes plus tard, la police et l'ambulance sont arrivées. – Einige Minuten später sind Polizei und Krankenwagen eingetroffen.

➠ Andererseits steht kein Komma, wenn ein Nebensatz eng mit dem übergeordneten Satz zusammenhängt.
Beispiel: On m'a dit que Pierre est malade. – Man hat mir gesagt, daß Pierre krank ist.
Sais-tu quand il reviendra? – Weißt du, wann er zurückkommt?
Voilà la lettre que j'ai cherchée. – Hier ist der Brief, den ich gesucht habe.

➠ Der Infinitivsatz wird nie durch Komma abgetrennt.
Beispiel: J'ai oublié de fermer la porte à clé. – Ich habe vergessen, die Tür abzuschließen.

3. Anführungszeichen. Die direkte Rede wird im Deutschen durch Anführungszeichen („…") angedeutet. Im Französischen steht am Anfang der direkten Rede ein Gedankenstrich:
Beispiel: Sie sagte: „Morgen bin ich wieder im Büro."
Elle dit:
– Demain, je serai au bureau.
Es gibt im Französischen auch Anführungszeichen («…»). Man gebraucht sie bei Zitaten.
Beispiel: «La France unie» était la devise du président Mitterrand.
J'ai lu cet article dans «France-Soir».

4. Ausrufezeichen. Im Vergleich zum Deutschen werden die Ausrufezeichen im Französischen sehr sparsam verwendet und nie beim Imperativ!
Beispiel: Viens. – Komm endlich!
Excellent. – Vorzüglich!

Übungen

I. *Füge die notwendigen Satzzeichen ein.*

Martine dit à son père:
1. _______ Je veux _______ perfectionner mon allemand _______
2. Pendant les vacances _____ j'aimerais _____ aller en Allemagne _____
3. Papa _______ donne-moi l'argent _______ dont j'ai besoin pour le voyage _______

Le père:
4. _______ Crois-tu _______ que je sois millionnaire _______

Martine:
5. _______ Eh bien _______ je travaillerai au pair _______ bien que ce ne soit pas bien payé _______

Le père:
6. ______ Excellent ______ Dans une famille ______ tu as la possibilité _______ de parler allemand du matin au soir _______
7. Voici 500 francs pour le billet _______
8. Tu sais déjà _______ quand tu partiras _______

Martine:
9. _______ Merci _______papa _______
10. Je vais partir le 1er juillet _______

Annexe
Anhang

Lösungen zu den Übungen

Seite 10ff.

I. 1. le café. 2. le cigare. 3. la chanson. 4. le chocolat. 5. le fruit. 6. le groupe. 7. le melon. 8. la musique. 9. le papier. 10. la Renault. 11. la photo. 12. la place. 13. le président. 14. la révolution. 15. la salade. 16. la tasse. 17. le théâtre. 18. le touriste.

II. 1. le bateau. 2. le courage. 3. la direction. 4. le document. 5. le garage. 6. le journal. 7. la liberté. 8. la machine. 9. le reportage. 10. le savon. 11. le socialisme. 12. la surprise. 13. la tradition. 14. la tristesse. 15. le trottoir. 16. la vérité.

III. 1. la photo. 2. la Renault, le garage. 3. le melon. 4. la radio, la danse. 5. la bière. 6. la cigarette.

IV. 1. une tournée, du compositeur. 2. son voyage, cette faveur. 3. cette question. 4. la conclusion.

V. 1. quel jugement, de générations différentes. 2. un jeune romancier. 3. grande réputation, le jeune auteur. 4. un grand talent, une des personnalités, la littérature actuelle. 5. bonne humeur.

Seite 14f.

I. 1. deux Français. 2. deux pays. 3. deux nations. 4. deux repas. 5. deux jours. 6. deux mois. 7. deux fils. 8. deux filles.

II. 1. deux tableaux. 2. deux animaux. 3. deux signaux. 4. deux travaux. 5. deux oiseaux. 6. deux chapeaux. 7. deux manteaux. 8. deux yeux.

III. 1. à 6 heures. 2. c'est 50 francs. 3. à 5 heures et demie.

IV. 1. Deux employées. 2. deux messieurs. 3. mes collègues, les lettres.

V. 1. les neuf Muses. 2. les sept péchés capitaux. 3. les cinq sens. 4. les quatre saisons. 5. les trois Grâces.

Seite 17f.

I. 1. l'accident – les accidents. 2. la voiture – les voitures. 3. l'agent de police – les agents de police. 4. l'adresse – les adresses. 5. l'oiseau – les oiseaux. 6. l'arbre – les arbres. 7. le jardin – les jardins. 8. la maison – les maisons.

II. 1. à l'école. 2. au cinéma. 3. à la piscine. 4. à la fête. 5. à l'université.

III. 1. des vacances. 2. de la belle plage. 3. de l'hôtel. 4. des touristes.

IV. 1. une nation – des nations. 2. une région – des régions. 3. une frontière – des frontières, 4. un étranger – des étrangers. 5. un gouvernement – des gouvernements. 6. un ministre – des ministres.

V. un appartement, un studio, un grand balcon, une belle cuisine, un quartier.

VI. 1. une idée. 2. à des membres, une personne. 3. une crèche, une assistante. 4. une dame, un enfant. 5. une étudiante. 6. une jeune maman, une interruption, une année.

Seite 21f.

I. 1. du beurre, combien de beurre, 500 grammes de beurre. 2. du fromage, combien de fromage, un kilo de fromage. 3. des légumes, combien de légumes, assez de légumes. 4. de la salade, combien de salade, pas beaucoup de salade. 5. et du sucre.

II. 1. J'ai soif. 2. du lait, du thé, du café, de l'eau minérale. 3. J'ai faim aussi. 4. du potage, du pain, du jambon, de la salade, des fruits. 5. du pain, du beurre, un morceau de fromage.

III. 1. des crêpes, 75 grammes de farine, une tasse de lait, un peu de sel, du sucre, des oranges, 2 verres de Cointreau. 2. 500 grammes d'oignons, un litre de bouillon, un verre de vin blanc, un petit verre de cognac, un peu de sel, un peu de poivre, de l'ail, du fromage râpé.

IV. 1. Le temps, c'est de l'argent. 2. L'argent n'a pas d'odeur. 3. Il n'y a pas de fumée sans feu. 4. On ne fait pas d'omelettes sans casser des œufs. 5. Pas de nouvelles, bonnes nouvelles.

Seite 25ff.

I. 1. trouves-tu. Moi, je l'aime. Lui, qui ne voulait pas de chien. Eux, quand ils sont ici. 2. Et toi? Tu as un chien?

II. 1. J'ai un chat, et toi? 2. Moi? 3. tu as aussi. 4. j'ai un lapin. Et toi? 5. tu aimes. 6. j'aime mon chat.

III. 1. je vais. 2. Moi aussi. 3. Lui aussi, il va. 4. je vais. Et toi? 5. Moi, j'y vais aussi. 6. Tu apporteras. Moi, j'apporterai.

IV. 1. je vais en Bretagne. 2. Et toi? 3. Moi aussi, je vais. 4. Où vas-tu? 5. Je vais à Carnac. 6. Lui, il va avec nous.

V. 1. Lui, il est, il a 38 ans. Moi, j'en ai 18. Il est marié, cela ne durera pas. 2. Vaut-il mieux. 3. il est ton prof. 4. s'il avait une âme, il te rendrait. 5. Lui a tout à gagner, il garde sa femme. Toi, tu as tout à perdre. 6. il te quittera, toi, un jour, restes.

VI. 1. dépensez-<u>vous</u>. 2. Quand <u>vous</u> allez, achetez-<u>vous</u>, <u>vous</u> aviez décidé. 3. <u>Vous</u> rappelez-vous, <u>vous</u> avez acheté? 4. Pourriez-<u>vous</u>, <u>vous</u> avez sur votre compte en banque. 5. Avez-<u>vous</u>.

Seite 30ff.

I. 1. Elle l'aime. 2. Elle les admire. 3. Elle la regarde. 4. Elle le connaît. 5. Il l'a dessinée. 6. Elle le possède.

II. 1. Elle les lit. 2. Elle ne les aime pas. 3. Elle les préfère. 4. Elle les a faits. 5. Elle les a lus à ses amis. 6. Elle ne veut pas les publier.

III. 1. Son cousin la lui écrit. 2. Sa mère la lui donne. 3. Son ami les lui apporte. 4. Sa petite nièce l'a fait pour elle.

IV. 1. sont pour moi? 2. sont pour toi, un autre cadeau pour toi. Tu vas avec moi. 3. aller au théâtre avec toi. 4. chez moi.

V. 1. L'employé l'a priée de lui donner son passeport. 2. Elle l'avait oublié chez elle. 3. lui répond l'employé. 4. Mais je peux le prouver. 5. Cela suffit, lui dit l'employé plein d'admiration, et lui a donné ses lettres.

VI. 1. C'est maman qui me l'a fait pour me rappeler de mettre sa lettre à la boîte. 2. Tu l'y as mise? 3. Non, maman a oublié de me la donner.

VII. 1. Mon mari m'aime, me le dit, me le prouve, mais il ne m'aide pas à la maison. 2. Dites-le-lui.

VIII. 1. je le trouve. en me demandant. et cela, me dit-il, lui est insupportable. 2. qu'à l'aider. Il a besoin de moi. Je vais l'inviter chez moi. 3. il m'est possible. Je ferai tout pour lui.

Seite 35f.

I. 1. cette dame – ces dames. 2. ce monsieur – ces messieurs. 3. cet enfant – ces enfants. 4. ce garçon – ces garçons. 5. cette jeune fille – ces jeunes filles. 6. cette personne – ces personnes.

II. 1. ce veston. 2. cette chemise. 3. cette cravate. 4. ce pull. 5. cette robe. 6. ces chaussures. 7. cette fourrure. 8. cet imperméable, 9. ces gants. 10. ce chapeau. 11. ces chapeaux. 12. ce béret. 13. cet anorak.

III. 1. celui-ci est de votre taille. 2. celui qui est bleu. 3. que celui-ci. 4. celui qui est le moins cher.

IV. 1. CEUX QUI CROIENT. 2. ceux qui veulent la rencontrer.

V. 1. celui que je considérais. Celle-ci semble être. 2. ce garçon n'aurait. celui qui est fiancé. Celui-ci doit être radieux.

Seite 38ff.

I. 1. son parapluie, son parapluie. 2. son manteau, son manteau. 3. ses gants, ses gants. 4. son chapeau, son chapeau. 5. leur voiture. 6. leurs amis.

II. 1. vos papiers, mes papiers. 2. votre nom, mon nom. 3. votre adresse, mon adresse. 4. votre valise, ma valise. 5. votre sac, mon sac.

III. 1. mon 50e anniversaire, mes parents, mon frère, sa femme, ses enfants, nos voisins, mes collègues, mon patron. 2. ton cousin, ta tante.

IV. 1. son chien. 2. son chien avec lui.

V. 1. leur appartement, leurs meubles, leur cuisine, leur chambre avec leurs lits. 2. leur salle à manger. 3. leur voiture. 4. son bureau, ses livres, sa machine à écrire et son ordinateur. 5. ses assiettes, ses fourchettes, ses couteaux et ses cuillers, sa cafetière, ses tasses et son lave-vaisselle.

VI. 1. leurs victimes. 2. son épouse, leurs amis, de leur départ. 3. leur moto.

Seite 41f.

I. 1. tout le livre. 2. toute l'émission. 3. Toute la comédie. 4. Tous les spectateurs. 5. toutes les comédies.

II. 1. tout l'été. 2. Tous les hôtels. 3. tout le séjour. 4. tous les jours. 5. toute la saison.

III. 1. toutes ses amies. 2. Et toutes sont venues. 3. Elle les salute toutes. 4. Toutes ont apporté un cadeau.

IV. 1. Tout ce que j'ai entendu. tout de suite après. 2. tous ceux qui étaient. C'est tout ce que j'ai pu faire.

V. à tout ce que vous me proposez.

VI. 1. Tout est bien, qui finit bien. 2. Tous les chemins mènent à Rome. 3. Chacun pour soi, et Dieu pour tous. 4. Toute médaille a son revers.

Seite 45ff.

I. 1. que j'ai lu. 2. qui est intéressant. 3. que tu m'as donné. 4. que Simenon a écrit. 5. qui vient de paraître. 6. que ma femme a lu aussi. 7. que Mireille a écrite. 8. qui montre la Tour Eiffel. 9. que nous allons envoyer à Anne. 10. que je viens d'acheter. 11. qui est très belle. 12. qui a coûté 2 francs.

II. 1. qui a téléphoné? 2. à qui tu as parlé? 3. que tu as invitée à la fête? 4. qui vient souvent chez nous? 5. que j'ai loué. 6. qui n'est pas trop cher. 7. pour lequel j'ai acheté les meubles. 8. que j'habite depuis un mois.

III. 1. qui admire sa casquette. 2. avec ce que j'ai gagné au casino. avec ce que j'ai perdu.

IV. 1. qui avait été mortellement. 2. de qui je suis tombée amoureuse. 3. qui a été tragique. 4. qui t'a déjà enseigné le malheur. 5. qui sera meilleur.

V. 1. qui m'évite de travailler. 2. ce qu'il me reproche souvent. 3. ce qui t'intéresse. 4. qui sera écoutée. 5. qui connaît tant de choses.

Seite 48f.

I. 1. Elle m'en a parlé. 2. N'en doutez pas. 3. Elle en parle sans cesse. 4. En voulez-vous encore? 5. J'en ai assez.

II. 1. Oui, j'y vais. 2. Oui, j'y reste pendant toute la soirée. 3. Oui, j'y ai rencontré Françoise. 4. Oui j'y penserai. 5. Oui, j'y ai vu Sandrine.

III. 1. Oui, j'y ai vu M. Dubois. 2. Oui, il en a parlé. 3. Oui, je m'en souviens. 4. Oui, je me souviens de lui. 5. Oui, j'y crois.

IV. 1. il suffit d'y penser. 2. afin d'en aplatir le bout. 3. il faut y penser.

Seite 54ff.

I. 1. La lettre est intéressante, le livre est intéressant, ces romans sont intéressants, ce que j'ai lu est intéressant. 2. Sandrine est contente, Eric est content, leurs pères sont contents, les mères sont contentes aussi. 3. Sandrine est jeune, Eric est jeune, leurs amis sont jeunes. 4. Sandrine est heureuse, Eric est heureux, leurs parents sont heureux, leurs tantes sont heureuses. 5. Sandrine est sportive, Eric est sportif, leurs amis sont sportifs. 6. Sandrine porte une robe longue. Elle porte les cheveux longs. Elle fera un long voyage. Elle ne trouvera pas les jours longs. 7. La mauvaise qualité, les mauvais hôtels, une mauvaise action, entendre une mauvaise plaisanterie.

II. 1. Sandrine est belle. 2. Elle a des cheveux longs, son nez est petit, elle a de beaux yeux bleus, ses joues sont roses. 3. Elle n'est pas trop grande; elle est de taille moyenne 4. Elle est sportive et énergique. 5. Elle est gentille avec tout le monde. 6. Elle est amoureuse de mon frère qui la trouve charmante et douce. 7. Ce qui amuse mon frère c'est qu'elle est très jalouse.

III. 1. une jolie femme. 2. une belle femme. 3. une jeune femme. 4. une femme active. 5. une femme riche. 6. une femme moderne.

IV. 1. une petite maison, un grand jardin. 2. des vieux arbres, des belles roses rouges.

V. 1. Un vieux monsieur et une vieille dame sont assis sous un vieil arbre devant leur vieille maison. 2. Le monsieur aime raconter les vieilles histoires du bon vieux temps.

VI. 1. la plus belle? 2. la plus belle. 3. qui me paraît la plus belle. 4. Une belle montre, la plus belle de vos photos, un beau portefeuille.

VII. 1. le beau temps, le ciel clair, le vent faible, l'air doux. 2. le mauvais temps. le ciel nuageux, la pluie froide, le vent fort.

VIII. Golf GTI blanche, bon état, prix modéré.

IX. 1. un des meilleurs médecins, monsieur bien mis, en bons termes. d'un grand mal. 2. Une profonde mélancolie. 3. un signe négatif. 4. un ennui vague. 5. le meilleur vin. 6 les meilleurs vins. 7. de la bonne musique. 8. le célèbre chanteur, la charmante gaieté.

Seite 59

I. 1. M. Dubois est gentil. Il parle gentiment avec sa secrétaire. C'est une dame gentille. 2. Elle a soigneusement copié la liste. Elle a fait un travail soigneux. Elle travaille toujours très soigneusement. 3. Pensez-vous vraiment ce que vous dites? Oui, cette nouvelle est vraie. Je ne me suis vraiment pas trompé. 4. C'est une question facile. On comprend facilement ce qu'il demande. Ce travail n'est pas très facile.

II. une voiture puissante et rapide. Il aime rouler vite. Mais il ne faut pas rouler vite. Venez vite.

III. 1. réussir professionnellement. 2. Il se désintéresse pratiquement. 3. Finalement je suis plus tranquille. 4. ce n'est pas juste, résoudre vos problèmes personnels, sans perturber gravement, sachez-le bien. 5. répondre franchement, vous n'agissez pas bien. 6. l'amour véritable. 7. Ces explications simples. 8. Je le souhaite bien sincèrement.

Seite 65ff.

I. 1. j'arrive, j'attends. 2. je reste, je pars. 3. je monte, je descends. 4. tu parles, tu réponds. 5. tu achètes, tu vends. 6. tu trouves, tu perds. 7. il entre, il sort. 8. il regarde, il voit. 9. il jette, il prend.

II. 1. je fais. 2. je me lève, je prends, je vais. 3. J'y reste. 4. Le déjeuner est. 5. Je mange. 6. je fais. 7. je regarde, je me couche.

III. 1. prennent, qui vont, partent. 2. qui vont, choisissent, il y a, vont à la mer.

IV. 1. deux voyageurs parlent. 2. Etes-vous marié? 3. Avez-vous des enfants? 4. Il fume? 5. il n'aime pas. 6. il boit? 7. Il sort. 8. il est sage. 9. Le monsieur ne peut pas. 10. Savez-vous, vous avez un fils modèle. 11. il ne faut rien, il n'a que trois mois.

V. 1. Ils sont, on les donne. 2. il n'y a qu'eux, qui font. 3. Ils vous rendent. 4. ils crient. 5. ils sourient, ils offrent, c'est. 6. C'est, ils apprennent, ils entendent et les appliquent. 7. Christophe voit, son père prend. 8. Il en demande, on ne veut. 9. il voit, il crie. 10. On détourne. 11. lui dit sa mère. 12. Christophe regarde, cherche la mouche, on lui sert. 13. il n'est pas sage on le raconte, qui dit. 14. Christophe lève, regarde, cherche. 15. Que voulez-vous? Ce n'est pas, j'en conviens.

Seite 69f.

I. 1. être: je serai, il sera. 2. avoir: j'aurai, il aura. 3. aller: j'irai, il ira. 4. courir: je courrai, il courra. 5. faire: je ferai, il fera. 6. venir: je viendrai, il viendra.

II. 1. j'irai. 2. Je serai. 3. Je m'amuserai. 4. je danserai. 5. Ce sera. 6. que feras-tu.

III. 1. Tu n'iras plus. 2. Que feras-tu. 3. Je deviendrai. 4. Je gagnerai, je vivrai, je serai, je porterai, je serai.

IV. 1. j'aurai terminé. 2. Ma femme aura préparé. 3. Elle aura mis. 4. Elle aura acheté.

V. 1. Aide-toi, le ciel t'aidera. 2. Qui vivra, verra.

Seite 73ff.

I. 1. Napoléon était. 2. Il avait deux femmes. 3. Il modernisait. 4. Il faisait plusieurs guerres. 5. il était prisonnier. 6. Il passait le reste de sa vie.

II. 1. s'occupait. 2. apporta. 3. demanda. 4. examina, dit. 5. éclata. 6. était, savait.

III. 1. rentra dit. 2. déchira, tira, portait. 3. espérait, jeta. 4. pensais. 5. regardait, déclara. 6. balbutia. 7. se tut, pleurait, descendaient, bégaya. 8. répondit; 9. était, reprit. 10. réfléchit, répondit.

Seite 79ff.

I. 1. il est arrivé. 2. il est venu. 3. il est resté. 4. il s'est lavé. 5. il a mangé. 6. il a bu. 7. il a écrit. 8. il a lu. 9. il a parlé. 10. il a répondu. 11. il a dit. 12. il a ri. 13. il a pu. 14. il a voulu. 15. il est allé. 16. il est parti. 17. il a couru. 18. il s'est dépêché.

II. 1. les légumes qu'elle a achetés. 2. la viande qu'elle a achetée. 3. les fruits qu'elle a achetés. 4. le beurre qu'elle a acheté. 5. les baguettes qu'elle a achetées. 6. les œufs qu'elle a achetés.

III. 1. les cartes postales qu'elle a apportées. 2. les belles photos qu'elle a prises. 3. la robe qu'elle a achetée. 4. la belle bague que son ami lui a donnée. 5. Sandrine l'a apportée pour son père. 6. Elle les a apportés pour sa mère. 7. Elle l'a apportée pour son frère. 8. Elle l'a apportée pour ses parents.

IV. 1. je suis sorti. 2. tu as été avec Mireille. 3. une panique m'a pris et je me suis sauvé. 4. Ton attitude a été charmante. 5. Mon cœur a battu trop fort. 6. J'ai été très ému, une grande panique m'a pris.

V. 1. j'ai connu, nous sommes tombés. 2. Une chose cependant m'a gênée. 3. Il m'a juré. Je suis rentrée en France et nous avons continué. 4. Il m'a appelée.

Seite 82

I. 1. il était arrivé. 2. il était venu. 3. il était resté. 4. il avait écrit. 5. il avait lu. 6. il avait parlé. 7. il avait répondu. 8. il avait ri. 9. il était parti.

II. 1. Hier, j'ai revu Marcel qui avait passé quinze jours à Nice. 2. Il s'était reposé, et il avait eu beaucoup de soleil. 3. Nous avons bu le champagne que Marcel avait apporté. 4. Il m'a montré les photos qu'il avait prises à Nice. 5. Il m'a dit qu'il avait pensé toujours à moi.

Seite 85f.

I. 1. il téléphonerait, il aurait téléphoné. 2. il parlerait, il aurait parlé. 3. il répondrait, il aurait répondu. 4. il viendrait, il serait venu. 5. il resterait, il serait resté. 6. il partirait, il serait parti.

II. 1. J'aimerais aller à Paris. 2. J'aimerais visiter le Louvre. 3. J'aimerais me promener sur les grands boulevards. 4. Tu n'aimerais pas venir avec moi? N'aimerais-tu pas venir avec moi?

III. Si j'étais riche … 1. … je ferais bâtir une maison blanche au bord de la mer. 2. … j'y serais tout l'été avec mes amis. 3. … j'oublierais la ville et le boulot. 4. … je m'amuserais à la plage. 5. Quand il y a une fête, j'y irais. 6. Le soir, je danserais avec mes amis. 7. Je chanterais avec eux. 8. J'y serais plus heureux qu'en ville. 9. Cette vie te plairait aussi?

Seite 89ff.

I. 1. Il faut que tu ailles. 2. que tu fasses. 3. que tu sois. 4. que tu puisses. 5. que tu saches.

II. 1. quoiqu'il pleuve. 2. avant qu'il pleuve. 3. pourvu qu'il ne pleuve pas. 4. s'il ne pleut pas. 5. parce qu'il fait beau temps. 6. quand il fait beau temps. 7. parce que j'ai mal à la tête.

III. 1. Mme Legrand veut que j'attende ici. 2. Elle veut que je vienne dans la salle. 3. Elle me prie que je prenne place. 4. Elle me demande que je lui dise la vérité. 5. Elle défend que je le dise aux autres.

IV. 1. je doute qu'il vienne ce soir. 2. je suppose qu'il vienne. 3. Je ne doute pas qu'il connaisse ton adresse. 4. Je ne crois pas qu'elle vienne.

V. 1. Je suis heureuse qu'on se revoie … 2. Je suis heureuse que tu sois venu … 3. Je suis très contente que tu aies accepté … 4. Je regrette que tu ne puisses pas …

VI. 1. j'ai 25 ans. 2. il a peur pue notre bonheur ne soit pas durable. 3. Il ne veut pas pue ses enfants sachent notre union. 4. Il a peur qu'ils soient choqués. 5. ne sont pas pareilles. 6. Il faut insister qu'il te fasse connaître.

VII. 1. Ma mère est mon beau-père ne peuvent pas admettre que je sorte. 2. Je ne doute pas qu'ils vous aiment. 3. S'ils refusent que vous sortiez. 4. Il faut que tu les leur demandes.

VIII. 1. que leur fille sortît. 2. qu'elle restât. 3. qu'elle travaillât.

Seite 93

I. 1. Viens. 2. Reste ici. 3. N'aie pas peur. 4. Sois tranquille. 5. Ouvre la fenêtre. 6. Raconte les détails. 7. Commençons. 8. Corrigeons ces fautes. 9. Attendez. 10. Prenez place.

II. 1. Respecte les goûts de l'autre. 2. laisse-le y jouer et estime-le. 3. Ne dis pas de paroles. 4. Méfie-toi de la jalousie. 5. Parle de l'amour. 6. Echangez des idées.

III. 1. N'affirme pas. 2. Rappelle-toi.

Seite 95ff.

I. 1. Alexandre Dumas, faisant un voyage en Allemagne. 2. Il a dessiné un champignon sur une feuille de papier, le montrant au garçon. 3. Celui-ci est revenu quelques minutes après, apportant un parapluie.

II. 1. en donnant la priorité à vos études, en vous préparant. 2. En vous habillant à la mode, en pratiquant un sport.

III. 1. C'est un jeune homme s'intéressant à tout. 2. M. Dubois, fumant une cigarette, regarde par la fenêtre. 3. Connais-tu cette dame habitant depuis quelques semaines vis-à-vis de nous?

IV. 1. Sandrine chante en se promenant. 2. M. Martin s'est coupé en se rasant. 3. En rentrant de l'école, Eric passe par le centre-ville.

V. 1. En disant cela, il met... Voyant la guitare, il la prend... 2. En disant cela, il paie... 3. dit le patron, en souriant. 4. la regarde en disant. 5. En disant cela, il empoche, s'en va en saluant respectueusement.

Seite 99

I. 1. M. Dubois s'intéresse à la politique. Nous avons parlé du président. Je lui ai demandé ... 2. Alain a téléphoné à son père. Celui-ci s'est informé de ce que son fils fait. il a menti à son père. 3. Je me rappelle avec plaisir mon séjour à Paris. Je me souviens de la belle Allemande. 4. J'espère la rencontrer. J'ai décidé de lui écrire, mais j'ai hésité à mettre ma première lettre à la boîte. Je préfère lui téléphoner. 5. Martine s'occupe des langues étrangères. Elle a besoin d'une bonne grammaire. Peter aide Martine. Martine a réussi à passer son examen. 6. Martine a été contente de son succès. Martine a ri de ce compliment. 7. les touristes suivent le guide. Ils entrent dans la galerie des glaces. Un monsieur s'approche de la fenêtre.

Seite 113f.

I. 1. Tu fais le ménage aujourd'hui? 2. Tu fais les courses? 3. Tu vas chez ton amie Sandrine? 4. Tu es là, ce soir? 5. Où vas-tu, ce soir? 6. Que fais-tu chez Sandrine? 7. Pourquoi vas-tu si souvent chez Sandrine? 8. Quand rentres-tu?
1. Est-ce que tu fais le ménage aujourd'hui? 2. Est-ce que tu fais les courses? 3. Est-ce que tu vas chez ton amie Sandrine? 4. Est-ce que tu es là, ce soir? 5. Où est-ce que tu vas, ce soir? 6. Qu'est-ce que tu fais chez Sandrine? 7. Pourquoi est-ce que tu vas si souvent chez Sandrine? 8. Quand est-ce que tu rentres?

II. 1. Quelle voiture? 2. Quelle marque est-ce? 3. Quel est le prix?

III. 1. Quand partez-vous? 2. Le voyage n'est pas trop fatigant? 3. Mme Armand vous accompagne? 4. Quel est le prix du voyage?. 5. Que ferez-vous en Australie? 6. Avez-vous des amis en Australie? 7. Vous parlez anglais? 8. Quel temps fait-il en juillet en Australie? 9. Vous ferez des excursions à l'intérieur? 10. Quand serez-vous de retour?

IV. 1. Combien de temps est-il absent pour les matches et l'entraînement? 2. Qu'est-ce que vous avez contre le sport? 3. Vous détestez tous les sports? 4. Quel sport est-ce exactement? 5. Pourquoi ne pratiquez-vous pas un sport de votre choix?

Seite 116ff.

I. 1. Non, maman, je n'ai pas le temps de faire le ménage. 2. je ne fais pas les courses. 3. je ne vais pas chez mon amie Sandrine. 4. elle ne vient pas ici. 5. Je ne suis pas là, le soir.

II. 1. je ne suis pas blessée. 2. je n'ai pas lu le panneau. 3. je n'ai pas vu l'autre voiture. 4 je n'ai pas freiné. 5. je ne sais pas que je suis coupable. 6. Vous n'avez pas respecté la priorité.

III. 1. Il n'y a personne. 2. Personne n'est là. 3. je ne peux rien faire. 4. rien n'est plus beau.

IV. 1. ses parents ne sont pas d'accord. 2. Ce n'est pas ma faute. 3. Je ne suis pas coupable! 4. ils ne savent pas ... si vous ne gagnez rien. Ou n'avez-vous jamais travaillé? 5. Ne perdez pas courage si vos recherches n'aboutissent pas tout de suite à un bon résultat. 6. Ne laissez rien au hasard.

V. 1. Une hirondelle ne fait pas le printemps. 2. On ne prend pas les mouches avec du vinaigre. 3. Qui ne risque rien, n'a rien. 4. Rien ne va plus. 5. L'habit ne fait pas le moine. 6. Des goûts et des couleurs il ne faut pas discuter.

Seite 119f.

I. 1. Seul Bernard me comprend. Bernard seul me comprend. 2. Lui seul est mon ami. 3. Je ne pense qu'à lui. Je pense seulement à lui. 4. Il n'a dansé qu'avec moi. Il a dansé seulement avec moi. 5. En dansant il a seulement souri. En dansant il n'a fait que sourire.

II. 1. Je n'ai qu'une ambition/J'ai seulement une ambition. 2. Je ne serai heureuse que si je .../Je serai seulement heureuse si je ... 3. Seulement savez-vous. et que seuls 50 sont des vraies vedettes? 4. le cinéma et le théâtre ne sont intéressants que pour celles et ceux ... et non pas seulement le désir. 5. Elle n'est souvent que le résultat.

III. 1. L'homme ne vit pas seulement de pain. 2. On ne prête qu'aux riches. 3. Le résultat seul compte. 4. La plus belle fille ne peut donner que ce qu'elle a. 5. Le vrai seul est aimable. 6. Dieu seul est grand.

Seite 122

I. 1. Il fait doux comme au printemps. Aujourd'hui il fait plus doux qu'au printemps. 2. Tes yeux sont bleus comme le ciel. Tes yeux sont aussi bleus que le ciel. 3. Sylvie est blonde comme sa mère. Mais elle est encore plus belle que sa mère. 4. Pierre est rusé comme un renard. Pierre est plus rusé qu'un renard. 5. Frédéric écrit comme il parle. Il fait les mêmes fautes que son voisin.

II. la terre tremblait plus que moi.

III. 1. ses chaussures étaient sales comme elles l'étaient hier. 2. vos chaussures seront aussi sales qu'à présent. 3. tu auras aussi faim qu'à présent.

Seite 125f.

I. 1. du fromage et du beurre. 2. des légumes et de la viande. 3. du vin ou du champagne? 4. des fruits ou de la glace? 5. Il faut acheter non seulement du vin mais aussi du champagne. 6. Il faut acheter non seulement des fruits mais aussi de la glace. 7. car nos invités aiment le vin. 8. car la petite Anne aime la glace. 9. Donc je vais acheter.

II. 1. avant que M. Martin rentre de son bureau. quand M. Martin rentre de son bureau. 2. après qu'il est rentré. parce qu'elle n'a pas encore. quoiqu'il soit fatigué.

III. 1. Pendant mon séjour à Paris. 2. Pendant que j'étais à Paris. 3. Pendant ce temps. 4. pendant que j'étais au théâtre.

IV. 1. jusqu'à samedi. 2. jusqu'à dimanche. 3. jusqu'à ce que mon ami vienne. 4. jusqu'à ce qu'un taxi s'arrête. 5. jusqu'à 11 heures.

V. 1. demande si j'ai encore assez d'argent. 2. savoir s'il faut changer de l'argent. 3. dit qu'il veut acheter. 4. ajoute que sa femme aime les bijoux. 5. pose la question si j'apporterai un cadeau. 6. réponds que j'ai acheté un beau vase.

VI. 1. pendant toute une année. 2. Donc elle se présentait. quoique, cette fois. 3. parce que tout avait bien marché. 4. Mais le proviseur. qu'il était inutile qu'elle continue, puisqu'elle était déjà reçue. 5. pendant que les autres candidats.

Seite 127f.

I. 1. j'achèterais une voiture neuve. 2. j'aurais une maison confortable. 3. je ferais de longs voyages. 4. je ne travaillerais plus au bureau. 5. je resterais au lit jusqu'à midi.

II. 1. si j'étais riche. 2. si j'avais plus d'argent. 3. si j'avais plus de congé. 4. si j'étais encore plus jeune. 5. si ma femme n'était pas malade.

III. 1. si j'étais vous, je n'irais pas en mer. 2. j'étais vous, je n'oserais plus aller au lit.

IV. C'est comme si je n'existais pas.

V. 1. Si les apparences ne me trompent pas, je crois. 2. si tes parents connaissaient mieux Philippe, ils le jugeraient à sa juste valeur.

Seite 130f.

I. 1. Les prix qui montent. 2. On cherche une secrétaire qui parle français. 3. La voiture qui roule vite. 4. Le dernier film que Gabin a tourné. 5. Un homme qui aide.

II. 1. Je suis au restaurant avec M. Martin que je connais depuis longtemps. Avec M. Martin je suis au restaurant que je connais depuis longtemps. 2. M. Martin qui est très spirituel me parle d'un roman. M. Martin me parle d'un roman qui est très spirituel. 3. J'ai lu tous les livres de cet auteur que j'admire beaucoup. De cet auteur j'ai lu tous les livres que j'admire beaucoup.

III. 1. M. Leroc, ingénieur chez Renault, nous a invités. 2. Mme Leroc, mariée depuis deux mois, ne travaille plus./Mariée depuis deux mois, Mme Leroc ne travaille plus. 3. Excellente cuisinière, elle s'occupe maintenant du ménage. 4. Mme Leroc nous a servi des crêpes flambées. 5. Mme Leroc née à la Martinique vit à Paris depuis 10 ans. / Née à la Martinique, Mme Leroc vit à Paris depuis 10 ans.

IV. 1. <u>réalisé par Stéphane Bertin.</u> 2. <u>en voyage d'information aux Etats-Unis depuis trois semaines. chargé de les accueillir.</u>

V. 1. Je suis Portugaise, mariée à un Français. 2. mes parents qui habitaient jusqu'ici en France. 3. vos parents que vous aimez. 4. très occupée par votre bébé, vous n'aurez que peu de temps.

VI. 1. destinée à l'Exposition universelle de 1889, la tour... 2. Assisté d'Emilie Nouguier, de Maurice Koechlin et de l'architecte Sauvestre, Eiffel a construit. 3. Connue dans le monde entier, la Tour Eiffel est devenue.

Seite 133

I. 1. – Je veux perfectionner mon allemand. 2. Pendant les vacances, j'aimerais aller en Allemagne. 3. Papa, donne-moi l'argent dont j'ai besoin pour le voyage. 4. – Crois-tu que je sois millionnaire? 5. – Eh bien, je travaillerai au pair, bien que ce ne soit pas bien payé. 6. – Excellent. Dans une famille, tu as la possibilité de parler allemand du matin au soir. 7. Voici 500 francs pour le billet. 8. Tu sais déjà quand tu partiras? 9. – Merci, papa. 10. Je vais partir le 1er juillet.

Grammatische Ausdrücke

Französisch	Lateinisch	Deutsch
A		
l'adjectif,m	das Adjektiv	das Eigenschaftswort
l'adjectif démonstratif	das Demonstrativpronomen	das hinweisende Fürwort
l'adjectif interrogatif	das Fragepronomen	das Fragefürwort
l'adjectif possessif	das Possessivpronomen	das besitzanzeigende Fürwort
l'adverbe,m	das Adverb	das Umstandswort
l'article,m	der Artikel	das Geschlechtswort
l'article défini	der bestimmte Artikel	das bestimmte Geschlechtswort
l'article indéfini	der unbestimmte Artikel	das unbestimmte Geschlechtswort
l'article partitif	–	der Teilungsartikel
l'attribut,m	das Adjektiv, mit Hilfsverb verbunden	–
l'auxiliaire,m	das Hilfsverb	das Hilfszeitwort
C		
la comparaison	–	der Vergleich, die Steigerung
le conditionnel	der Konditional I	die bedingte Möglichkeit
le conditionnel passé	der Konditional II	die bedingte Möglichkeit der Vergangenheit
la conjonction	die Konjunktion	das Bindewort
D		
le discours direct	–	die direkte Rede
le discours indirect	–	die indirekte Rede
E		
l'épithète,f	das Adjektiv beim Substantiv	–
F		
le futur antérieur	Futur II	Zukunft II
le futur composél	–	die „nahe Zukunft“
le futur simple	das Futur I	Zukunft I
G		
le genre grammatical	das Genus	das grammatische Geschlecht
le gérondif	das Gerundium	–
I		
l'imparfait,m	das Imperfekt	die Vergangenheit
l'impératif,m	der Imperativ	die Befehlsform
l'indicatif,m	der Indikativ	die Wirklichkeitsform
l'infinitif,m	der Infinitiv	die Grundform
l'interrogation,f	–	die Frage
l'interrogation partielle	–	die Ergänzungsfrage, Teilfrage
l'interrogation totale	–	die Entscheidungsfrage, Gesamtfrage
N		
la négation	die Negation	die Verneinung

le nom	das Nomen	das Hauptwort
O		
l'objet,m	das Objekt	die Satzergänzung
l'objet direct	das direkte Objekt	–
l'objet indirect	das indirekte Objekt	–
P		
le participe présent	das Partizip Präsens	das Mittelwort der Gegenwart
le participe passé	das Partizip Perfekt	das Mittelwort der Vergangenheit
le passé antérieur	–	die vollendete Vergangenheit
le passé composé	das Perfekt	die vollendete Gegenwart
le passé simple	–	die Vergangenheit
le pluriel	der Plural	die Mehrzahl
le plus-que-parfait	das Plusquamperfekt	die vollendete Vergangenheit
le point d'exclamation	–	das Ausrufezeichen
la ponctuation	Interpunktion	die Zeichensetzung
la préposition	die Präposition	das Verhältniswort
le présent	das Präsens	die Gegenwart
le pronom	das Pronomen	das Fürwort
le pronom démonstratif	das Demonstrativpronomen	das hinweisende Fürwort
le pronom personnel	das Personalpronomen	das persönliche Fürwort
le pronom personnel avec préposition	das präpositionale Objektpronomen	–
le pronom personnel objet direct	das direkte Objektpronomen	–
le pronom personnel objet indirect	das indirekte Objektpronomen	–
le pronom relatif	das Relativpronomen	das bezügliche Fürwort
la proposition conditionnelle	der Konditionalsatz	der Bedingungssatz
la proposition principale	–	der Hauptsatz
la proposition relative	der Relativsatz	der Bezugswortsatz
la proposition subordonnée	–	der Nebensatz, Gliedsatz
R		
la restriction	–	die Einschränkung
S		
le signe de ponctuation	–	das Satzzeichen
le singulier	der Singular	die Einzahl
le subjonctif	der Konjunktiv	die Möglichkeitsform
le substantif	das Substantiv	das Dingwort
le sujet	das Subjekt	der Satzgegenstand
T		
la terminaison	–	die Endung
V		
le verbe	das Verb	das Tätigkeitwort, Zeitwort
le verbe réfléchi	das reflexive Verb	das rückbezügliche Zeitwort
la virgule	das Komma	der Beistrich

NÜTZLICHE RATGEBER

Stand: Frühjahr 1989

Essen und Trinken

Meine feine Bürgerliche Küche
(4411) Von E. Falout, 160 S., 119 Farbfotos, Pappband. ●●●

Essen in Hessen
Spezialitäten zwischen Schwalm und Odenwald. (0837) Von R. Witt, 120 S., 10 s/w-Zeichnungen, Pappband. ●●

Kochen für 1 Person
Rationell wirtschaften, abwechslungsreich und schmackhaft zubereiten. (0586) Von M. Nicolin, 104 S., 8 Farbtafeln, 20 Zeichnungen, kart. ●

Schnell und individuell
Die raffinierte Single-Küche
(4266) Von F. Faist, 160 S., 151 Farbfotos, Pappband. ●●●

Was koche ich heute?
Neue Rezepte für Fix-Gerichte. (0608) Von A. Badelt-Vogt, 112 S., 16 Farbtafeln, kart. ●

Frischer Fang aus Fluß und Meer **Fisch**
(0964) Von L. Grieser, 64 S., 69 Farbfotos, Pappband. ●

Edler Kern in harter Schale
Meeresfrüchte
(0886) Von L. Grieser, 48 S., 52 Farbfotos, Pappband. ●

Von Tatar und falschen Hasen **Hackfleisch**
(0866) Von A. und G. Eckert, 64 S., 42 Farbfotos, Pappband. ●

Aus eigener Küche **Gute Wurst**
(0948) Von J. Bessel, G. Quaas, 80 S., 8 Farbtafeln, kart. ●

Aus lauter Lust und Liebe **Knoblauch**
(0867) Von L. Reinirkens, 64 S., 45 Farbfotos, Pappband. ●

Kochen und würzen mit **Knoblauch**
(0725) Von A. und G. Eckert, 96 S., 8 Farbtafeln, kart. ●

Kochen und würzen mit **Paprika**
(0792) Von A. und G. Eckert, 88 S., 8 Farbtafeln, kart. ●

Nudelgerichte
– lecker, locker, leicht zu kochen. (0466) Von C. Stephan, 80 S., 8 Farbtafeln, kart. ●

Pasta in Höchstform **Nudeln**
(0884) Von M. Kirsch, 64 S., 62 Farbfotos, Pappband. ●

Herzhaftes für Leib und Seele **Eintöpfe**
(0820) Von P. Klein, 48 S., 30 Farbfotos, Pappband. ●

Spezialitäten unter knuspriger Decke
Aufläufe
(0882) Von C. Adam, 48 S., 33 Farbfotos, Pappband. ●

In Hülle und Fülle **Pasteten und Terrinen**
(0883) Von M. Kirsch, 48 S., 62 Farbfotos, Pappband. ●

Die Krönung der feinen Küche **Saucen**
(0817) Von G. Cavestri, 48 S., 40 Farbfotos, Pappband. ●

Kochen in höchster Vollendung
Aus vier Elementen ist alles zusammengefügt (Theophrast). (4291) Von M. Wissing, M. Kirsch, 160 S., 230 Farbfotos, Leinen geprägt mit Schutzumschlag, im Schuber, **DM 98,–**, S 784.–, Fr 90,20

Zaubern mit der schnellen Welle
Die neue Mikrowellenküche
(4289) Von F. Faist, 208 S., 188 Farbfotos, Pappband. ●●●

Ganz und gar mit Mikrowellen
(4094) Von T. Peters, 208 S., 24 Farbfotos, 12 Zeichnungen, kart. ●●●

Schnell auf den Tisch gezaubert
Kochen mit Mikrowellen
(0818) Von A. Danner, 64 S., 52 Farbfotos, Pappband. ●

Das neue Mikrowellen-Kochbuch
(0434) Von H. Neu, 80 S., 4 Farbtafeln, 16 s/w Zeichnungen, kart. ●

Natürlich Kochen im
Mikrowellen-Römertopf
(0947) Von F. Faist, 96 S., 8 Farbt., kart. ●

Gesunde Kost aus dem Römertopf
(0442) Von J. Kramer, 128 S., 8 Farbtafeln, 13 Zeichnungen, kart. ●

Das neue Fritieren
geruchlos, schmackhaft und gesund. (0365) Von P. Kühne, 88 S., 8 Farbtafeln, kart. ●

Goldbraun und knusprig
Fritierte Leckerbissen
(0868) Von F. Faist, 64 S., 47 Farbfotos, Pappband. ●

Kochen und backen im Heißluftherd
Vorteile, Gebrauchsanleitung, Rezepte. (0516) Von K. Kölner, 72 S., 8 Farbt., kart. ●

Schnell und gut gekocht
Die tollsten Rezepte für den Schnellkochtopf. (0265) Von J. Ley, 96 S., 8 Farbtafeln, kart. ●

Pizza, Pasta und die feine italienische Küche
(4270) Von R. Rudatis, 120 S., 255 Farbfotos, Pappband. ●●

Schlemmerreise durch die
Italienische Küche
(4172) Von V. Pifferi. 160 S., 109 Farbfotos, Pappband. ●●●

Schlemmen wie bei Mamma Maria
Pizzas
(0815) Von F. Faist, 64 S., 62 Farbfotos, Pappband. ●

Schlemmerreise durch die
Französische Küche
(4296) Von H. Imhof, 160 S., 147 Farbfotos, 3 s/w-Fotos, Pappband. ●●●

Bocuse à la carte
Französisch kochen mit dem Meister. (4237) Von P. Bocuse, 88 S., 218 Farbfotos, Pappband. ●●

Videokassette
Kochschule mit Paul Bocuse
Der Meisterkoch verrät die Geheimnisse der französischen Küche
(6016) VHS, 60 Min. in Farbe, mit Begleitheft. ●●●●●*

Französische Küche
(0685) Von M. Gutta, 96 S., 16 Farbt., kart. ●

Schlemmerreise durch die
Chinesische Küche
(4184) Von K. H. Jen, 160 S., 117 Farbfotos, Pappband. ●●●

Verheißungsvoll fernöstlich
Spezialitäten aus dem Wok
(0933) Von H. K. Jen, 64 S., 56 Farbfotos, Pappband. ●

Chinesisch kochen
mit dem Wok- und Mongolentopf. (0557) Von C. Korn, 64 S., 8 Farbt., kart. ●

Mehr Freude und Erfolg beim **Grillen**
(4141) Von A. Berliner, 160 S., 147 Farbfotos, 10 farbige Zeichnungen, Pappband. ●●●

Köstliches von Rost und Spieß **Grillen**
(0931) Von A. Kalcher-Dähn, H. K. Kalcher, 64 S., 43 Farbfotos, Pappband. ●

Fondues · Raclettes · Flambiertes
(4081) Von R. Peiler und M.-L. Schult, 136 S., 15 Farbtafeln, 28 Zeichnungen. kart. ●●

Fondues
und fritierte Leckerbissen. (0471) Von S. Stein, 96 S., 8 Farbtafeln, kart. ●

Rezepte rund um Raclette und Doppeldecker
(0420) Von J. W. Hochscheid, 72 S., 8 Farbtafeln, kart. ●

Schlemmen in geselliger Runde
Fleischfondues
(0966) Von M. Spötter, 64 S., 62 Farbfotos, Pappband. ●

Fondues und Raclettes
(4253) Von F. Faist, 160 S., 125 Farbfotos, Pappband. ●●●

Neue, raffinierte Rezepte mit dem Raclette-Grill
(0558) Von L. Helger, 72 S., 8 Farbt., kart. ●

Schmelzendes Käsevergnügen **Raclette**
(0881) Von F. Faist, 48 S., 33 Farbfotos, Pappband. ●

Kulinarischer Feuerzauber **Flambieren**
(4294) Von R. Wesseler, 120 S., 100 Farbfotos, Pappband. ●●●

Das köstliche knackige Schlemmervergnügen **Salate**
(4165) Von V. Müller, 160 S., 80 Farbfotos, Pappband. ●●●

111 köstliche Salate
Erprobte Rezepte mit Pfiff. (0222) Von C. Schönherr, 96 S., 8 Farbtafeln, 30 Zeichnungen, kart. ●

Die hier vorgestellten Bücher, Videokassetten und Software sind in folgende Preisgruppen unterteilt:

● Preisgruppe bis DM 10,–/S 79,–/Fr.10
●● Preisgruppe über DM 10,– bis DM 20,– S 80,– bis S 160,– Fr. 10,– bis Fr. 18,70
●●● Preisgruppe über DM 20,– bis DM 30,– S 161,– bis S 240,– Fr. 18,70 bis Fr. 27,70
●●●● Preisgruppe über DM 30,– bis DM 50,– S 241,– bis S 400,– Fr. 27,70 bis Fr. 46,–
●●●●● Preisgruppe über DM 50,–/S 401,–/Fr.46,–
*(unverbindliche Preisempfehlung)

Die Preise entsprechen dem Status beim Druck dieses Verzeichnisses (s. Seite 1) – Änderungen, im besonderen der Preise, vorbehalten –

Frisch und leicht als Hauptgericht
Schlemmersalate
(0934) Von C. Adam, 64 S., 49 Farbfotos, Pappband. ●

Köstlich frisch auf den Tisch
Rohkostsalate
(0865) Von C. Adam, 48 S., 26 Farbfotos, Pappband. ●

Raffiniert und gesund würzen
Kräuterküche
(0869) Von A. Görgens, 48 S.,43 Farbfotos, Pappband. ●

Kräuter- und Heilpflanzen-Kochbuch
für eine gesunde Lebensweise.
(4066) Von P. Pervenche, 143 S., 15 Farbtafeln, kart. ●●

Joghurt, Quark, Käse und Butter
Schmackhaftes aus Milch hausgemacht. (0739) Von M. Bustorf-Hirsch, 32 S., 59 Farbabb., Pappband. ●

Alles mit Joghurt
tagfrisch selbstgemacht, mit vielen Rezepten. (0382) Von G. Volz, 88 S., 8 Farbt., kart. ●

Locker, flockig, leicht…
Müsli & Co
(0965) Von C. Adam, 64 S., 42 Farbfotos, Pappband. ●

Das richtige Frühstück
Gesunde Vollwertkost vitaminreich und naturbelassen. (0784) Von C. Kratzel, R. Böll, 32 S., 28 Farbfotos, Pappband. ●

Bärenstark und kerngesund
Vollwertkost für Kinder
(0968) Von S. Reiter, 64 S., 44 Farbfotos, Pappband. ●

Gesunde Ernährung für mein Kind
(0776) Von M. Bustorf-Hirsch, 112 S., 8 Farbtafeln, 5 s/w-Zeichnungen, kart. ●

Meine Vollkornküche
Herzhaftes von echtem Schrot und Korn
(0858) Von S. Walz, 96 S., 8 Farbt., kart. ●

Die abwechslungsreiche Vollwertküche
Vitaminreich und naturbelassen kochen und backen. (4229) Von M. Bustorf-Hirsch, K. Siegel, 280 S., 31 Farbtafeln, 78 Zeichnungen, Pappband. ●●●●

Die verlockende Alternative
Süße Vollwertküche
(0936) Von A. Roßmeier, 64 S., 50 Farbfotos, Pappband. ●

Die gesunde Art, sich zu verwöhnen
Vollwertküche für Singles
(0937) Von A. Görgens, 64 S., 43 Farbfotos, Pappband. ●

Dinkel, Hirse, Roggenkorn…
Kerniges aus der Getreideküche
(0932) Von S. Frank, 64 S., 49 Farbfotos, Pappband. ●

Die feine Vollwertküche
(4286) Von M. Bustorf-Hirsch, 160 S., 83 Farbfotos, Pappband. ●●●

Mit Lust und Liebe…
Vollwertküche für Genießer
(4412) Von Prof. Dr. C. Leitzmann, H. Million, 256 S., 329 Farbfotos, Pappband. ●●●

Naturküche à la carte
(4406) Von M. Wissing, M. Kirsch, 160 S., 179 Farbfotos, Pappband. ●●●●

Biologische Ernährung
für eine natürliche und gesunde Lebensweise. (4125) Von G. Leibold, 136 S., 15 Farbtafeln, 47 Zeichnungen, kart. ●●

Vitaminreich und naturbelassen
Biologisch Kochen
(4162) Von M. Bustorf-Hirsch, K. Siegel, 144 S., 15 Farbtafeln, 31 Zeichn. kart. ●●

Gesund kochen
wasserarm · fettfrei · aromatisch. (4060) Von M. Gutta, 240 S., 16 Farbtafeln, 88 Abbildungen, Pappband. ●●●

Die feine Vegetarische Küche
(4235) Von F. Faist, 160 S., 191 Farbfotos, Pappband. ●●●

Würzig kochen ohne Salz
(0922) Von S. Roediger-Streubel, 160 S., 16 Farbtafeln, kart. ●●

Alternativ essen
Die gesunde Sojaküche.
(0553) Von U. Kolster, 112 S., 8 Farbt., kart. ●

Kochen mit Tofu
Die gesunde Alternative. (0894) Von U. Kolster, 80 S., 8 Farbtafeln, kart. ●

Gesund kochen mit Keimen und Sprossen
(0794) Von M. Bustorf-Hirsch, 96 S., 4 Farbtafeln, 13 s/w-Zeichnungen, kart. ●

Keime und Sprossen in der Naturküche
(4299) Von M. Bustorf-Hirsch, 96 S., 144 Farbfotos, Pappband. ●●

Backen mit Lust und Liebe
(4284) Von M. Schumacher, R. Krake, 242 S., 348 Farbfotos, 18 farb. Vignetten, 3 vierseitige Ausklapptafeln, Pappband. ●●●●

Tortenträume und Kuchenfantasien
Gebackene Köstlichkeiten originell dekoriert und verziert. (0823) Von F. Faist, 80 S., 150 Farbfotos, kart. ●●

Waffeln
Hörnchen, Pfannkuchen und Crêpes.
(0522) Von C. Stephan, 64 S., 8 Farbtafeln, kart. ●

Mehr Freude und Erfolg beim
Brotbacken
(4148) Von A. und G. Eckert, 160 S., 177 Farbfotos, Pappband. ●●●

Selbst Brotbacken
Über 50 erprobte Rezepte. (0370) Von A. und G. Eckert, 80 S., 4 Zeichnungen, 4 Farbtafeln, kart. ●

Biologisch Backen
Neue Rezeptideen für Kuchen, Brote, Kleingebäck aus vollem Korn. (4174) Von M. Bustorf-Hirsch, 136 S., 15 Farbtafeln, 47 Zeichnungen, kart. ●●

Meine Vollkornbackstube
Brot · Kuchen · Aufläufe. (0616) Von R. Raffelt, 96 S., 4 Farbtafeln, 12 Zeichnungen, kart. ●

Mit Körnern, Zimt und Mandelkern
Vollkorngebäck
(0816) Von M. Bustorf-Hirsch, 48 S., 39 Farbfotos, Pappband. ●

Knusprig, kernig, urgesund **Vollkornbrot**
(0938) Von S. Reiter, 64 S., 46 Farbfotos, Pappband. ●

Weihnachtsbäckerei
Köstliche Plätzchen, Stollen, Honigkuchen und Festtagstorten. (0682) Von M. Sauerborn, 32 S., 34 Farbfotos, Pappband. ●

Meine Weihnachtsbackstube
(5163) Von M. Sauerborn, 32 S., 23 Farbfotos, mit Vorlagebogen in Originalgröße, kart. ●

Süße Verführungen **Desserts**
(0885) Von M. Bacher, 64 S., 75 Farbfotos, Pappband. ●

Süße Geheimnisse eiskalt gelüftet
Eis und Sorbets
(0870) Von H. W. Liebheit, 48 S., 38 Farbfotos, Pappband. ●

Zart schmelzende Versuchungen
Schokolade
(0819) Von J. Schroer, 48 S., 53 Farbfotos, Pappband. ●

Mitbringsel aus meiner Küche
selbst gemacht und liebevoll verpackt. (0668) Von C. Schönherr, 32 S., 30 Farbfotos, Pappband. ●

Marmeladen, Gelees und Konfitüren
Köstlich wie zu Omas Zeiten – einfach selbstgemacht. (0720) Von M. Gutta, 32 S., 23 Farbfotos, 1 Zeichnung, Pappband. ●

Einkochen
nach allen Regeln der Kunst. (0405) Von B. Müller, 128 S., 8 Farbtafeln, kart. ●

Einkochen, Einlegen, Einfrieren
(4055) Von B. Müller, 152 S., 27 s/w.-Abb., 16 Farbtafeln, kart. ●●

Haltbarmachen in der Öko-Küche
Gesunde Konservierungsmethoden für Obst, Gemüse, Kräuter und Pilze. (0932) Von M. Bustorf-Hirsch, 120 S., 92 Farbabb., kart. ●●

Komm, koch und back mit mir
Kunterbuntes Kochvergnügen für Kinder. (4285) Von S. und H. Theilig, illustriert von B. v. Hayek, 112 S., 45 Farbabb., Pappband. ●●

Garnieren und Verzieren
(4236) Von R. Biller, 160 S., 329 Farbfotos, 57 Zeichnungen, Pappband. ●●●

Köstlichkeiten für Gäste und Feste
Kalte Platten
(4200) Von I. Pfliegner, 160 S., 130 Farbfotos, Pappband. ●●●

Fein und raffiniert
Canapés und kleine Köstlichkeiten
(0963) Von H. Imhof, 64 S., 53 Farbfotos, Pappband. ●

Der schön gedeckte Tisch
Vom einfachen Gedeck bis zur Festtafel stimmungsvoll und perfekt arrangiert. (4246) Von H. Tapper, 112 S., 206 Farbfotos, 21 s/w-Abbildungen, Pappband. ●●●

Phantasievolle Tischdekorationen selber machen
(0984) Von Y. Thalheim, H. Nadolny, 80 S., 174 Farbfotos, 21 Zeichnungen, kart. ●●

Tischkarten dekorativ gestalten
aus allerlei Material für viele Anlässe (0946) Von H. York, 32 S., 108 Farbfotos, Pappband. ●

Servietten dekorativ falten
Geschmackvolle Anregungen aus Stoff und Papier. (0804) Von H. Tapper, 32 S., 134 Farbfotos, Pappband. ●

Die hier vorgestellten Bücher, Videokassetten und Software sind in folgende Preisgruppen unterteilt:

● Preisgruppe bis DM 10,–/S 79,–/Fr.10
●● Preisgruppe über DM 10,– bis DM 20,– S 80,– bis S 160,– Fr. 10,– bis Fr. 18,70
●●● Preisgruppe über DM 20,– bis DM 30,– S 161,– bis S 240,– Fr. 18,70 bis Fr. 27,70
●●●● Preisgruppe über DM 30,– bis DM 50,– S 241,– bis S 400,– Fr. 27,70 bis Fr. 46,–
●●●●● Preisgruppe über DM 50,–/S 401,–/Fr.46,–
*(unverbindliche Preisempfehlung)

Die Preise entsprechen dem Status beim Druck dieses Verzeichnisses (s. Seite 1) – Änderungen, im besonderen der Preise, vorbehalten –

Tee für Genießer.
Sorten · Riten · Rezepte. (0356) Von M. Nicolin, 64 S., 4 Farbtafeln, kart. ●

Weinlexikon
Wissenswertes über die Weine der Welt. (4149) Von U. Keller, 228 S., 6 Farbtafeln, 395 s/w-Fotos, Pappband. ●●●

Weine und Säfte, Liköre und Sekt
selbstgemacht. (0702) Von P. Arauner, 232 S., 76 Abb., kart. ●●

Fruchtig, spritzig, eisgekühlt
Mixen ohne Alkohol
(0935) Von S. Späth, 64 S., 44 Farbfotos, Pappband. ●

Cocktails
(4267) Von W. R. Hoffmann, W. Hubert, U. Lottring, 160 S., 164 Farbfotos, 1 s/w-Foto, Pappband. ●●●

Cocktails und Mixereien
für häusliche Feste und Feiern. (0075) Von J. Walker, 96 S., 4 Farbtafeln, kart. ●

Neue Cocktails und Drinks
mit und ohne Alkohol. (0517) Von S. Späth, 128 S., 4 Farbtafeln, kart. ●

Die besten Punsche, Grogs und Bowlen
(0575) Von F. Dingden, 64 S., 4 Farbt., kart. ●

SLIM
Der neue, individuelle Schlankheitsplan (4277) Von Prof. Dr. E. Menden, W. Aign. 120 S., 440 Farbfotos, Pappband. ●●●

Schlank werden nach Dr. Hay **Trennkost**
Die bewährten Vollwert-Rezepte von Ursula Summ. (4298) Von U. Summ, 96 S., 54 Farbfotos, 1 Zeichnung, kart. ●●

Vitamine und Ballaststoffe
So ermittle ich meinen täglichen Bedarf (0746) Von Prof. Dr. M. Wagner, I. Bongartz, 96 S., 6 Farbfotos, zahlreiche farb. Tabellen, kart. ●

Kalorien – Joule
Eiweiß · Fett · Kohlenhydrate tabellarisch nach gebräuchlichen Mengen. (0374) Von M. Bormio, 88 S., kart. ●

Hobby und Freizeit

Falken-Handbuch
Zeichnen und Malen
(4167) Von B. Bagnall, 336 S., 1154 Farbabb., Pappband. ●●●●●

Das große farbige PLAKA-Buch
Malen und Basteln
(4402) Von H.-J. Giesecke, 192 S., 224 Farbfotos, 20 Farb- und 4 s/w-Zeichnungen, Pappband. ●●

Einmal grad und einmal krumm
Zeichenstunden für Kinder. (0599) Von H. Witzig, 144 S., 363 Abb. kart. ●

Punkt, Punkt, Komma, Strich
Zeichenstunden für Kinder. (0564) Von H. Witzig, 144 S., über 250 Zeichnungen, kart. ●

Kalligraphie
Die Kunst des schönen Schreibens (4263) Von C. Hartmann, 120 S., 44 Farbvorlagen, 29 s/w-Vorlagen, 2 s/w-Zeichnungen, 38 Farbfotos, Pappband. ●●●●

Aquarellmalerei
als Kunst und Hobby (4147) Von H. Haack, B. Wersche, 136 S., 62 Farbfotos, 119 Zeichnungen, Pappband. ●●●●

Aquarellmalerei leicht gelernt
Materialien · Techniken · Motive. (0787) Von T. Hinz, R. Braun, B. Zeidler, 32 S., 38 Farbfotos, 1 Zeichn., Pappband. ●

Hobby Aquarellmalen
Landschaft und Stilleben. (0876) Von I. Schade, A. Brück, 80 S., 111 Farbabb., kart. ●●

Videokassette
Hobby Aquarellmalen
Landschaft und Stilleben (6022) VHS, 40 Min., in Farbe, mit Begleitheft ●●●●*

Hobby Ölmalerei
Landschaft und Stilleben. (0875) Von H. Kämper, I. Becker, 80 S., 93 Farbabb., kart. ●●

Videokassette
Hobby Ölmalerei
Landschaft und Stilleben (6025) VHS, 40 Min., in Farbe, mit Begleitheft ●●●●*

Glasmalerei
als Kunst und Hobby. (4088) Von F. Krettek und S. Beeh-Lustenberger, 132 S., 182 Farbfo tos, 38 Motivvorlagen, Pappband. ●●●●

Bauernmalerei
als Kunst und Hobby. (4057) Von A. Gast, H. Stegmüller, 128 S., 239 Farbfotos, 26 Riß-Zeichnungen, Pappband. ●●●●

Hobby Bauernmalerei
(0436) Von S. Ramos und J. Roszak, 80 S., 116 Farbf. und 28 Motivvorlagen, kart. ●●

Seidenmalerei in Vollendung
(4414) Hrsg. von R. Smend, 160 S., 227 Farbfotos, 36 s/w-Fotos, geprägter Leineneinband mit Schutzumschlag, im Schuber, **DM 98,–**, S 784,–, Fr 90,20

Seidenmalerei als Kunst und Hobby
(4264) Von S. Hahn, 136 S., Farbabb., 1 s/w-Foto, Pappband. ●●●●

Hobby Seidenmalerei
(0611) Von R. Henge, 88 S., 106 Farbfotos, 28 Zeichnungen, kart. ●●

Neue zauberhafte Seidenmalerei
Motive und Anregungen aus der Natur. (0924) Von R. Henge, 80 S., 148 Farbfotos, 27 s/w-Zeichnungen, kart. ●●

Kunstvolle Seidenmalerei
Mit zauberhaften Ideen zum Nachgestalten. (0783) Von I. Demharter, 32 S., 56 Farbfotos, Pappband. ●

Zauberhafte Seidenmalerei
Materialien · Techniken · Gestaltungsvorschläge. (0664) Von E. Dorn, 32 S., 62 Farbfotos, Pappband. ●

Aquarellieren auf Seide
Materialien · Techniken · Motive. (0917) Von I. Demharter, 32 S., 41 Farbfotos, Pappband. ●

Seidenmalerei Landschaften
(5153) Von D. Kosik, 32 S., 50 Farbfotos, 12 Zeichnungen, mit Vorlagebogen in Originalgröße, kart. ●

Seidenmalerei Kissen
(5151) Von I. Demharter, 32 S., 42 Farbfotos, 2 Zeichnungen, mit Vorlagebogen in Originalgröße, kart. ●

Seidenmalerei Tücher und Schals
(5152) Von R. Henge, 32 S., 36 Farbfotos, 1 Zeichnung, mit Vorlagebogen in Originalgröße, kart. ●

Seidenmalerei Lampenschirme
(5154) Von I. Walter-Ammon, 32 S., 47 Farbfotos, 1 Zeichnung, mit Vorlagebogen in Originalgröße, kart. ●

Seidenmalerei Blüten, Blätter, Ranken
(5165) Von D. Kosik, 32 S., 35 Farbfotos, 4 Zeichnungen, mit Vorlagebogen in Originalgröße, kart. ●

Seidenmalerei Schmuckkarten und Miniaturbilder
(5166) Von I. Walter-Ammon, 32 S., 37 Farbfotos, 2 Zeichnungen, mit Vorlagebogen in Originalgröße, kart. ●

Falken-Handbuch **Häkeln**
ABC der Häkeltechniken und Häkelmuster in ausführlichen Schritt-für-Schritt-Bildfolgen. (4194) Von H. Fuchs, M. Natter, 288 S., 1073 Farbabb., Pappband. ●●●●

Das moderne Standardwerk von der Expertin
Perfekt Stricken
Mit Sonderteil Häkeln. (4250) Von H. Jaacks, 256 S., 703 Farbfotos, 169 Farb- und 121 s/w-Zeichnungen, Pappband. ●●●

Videokassette
Perfekt Stricken
Neue Techniken Schritt für Schritt vorgestellt von H. Jaacks, 51 Min., in Farbe, mit Begleitheft. ●●●●*

Falken-Handbuch **Stricken**
ABC der Stricktechniken und Strickmuster in ausführlichen Schritt-für-Schritt-Bildfolgen. (4137) Von M. Natter, 312 S., 106 Farb- und 922 s/w-Fotos, 318 Zeichnungen, Pappband. ●●●●

Hobby Patchwork und Quilten
(0768) Von B. Staub-Wachsmuth, 80 S., 108 Farbabb., 43 Zeichnungen, kart. ●●

Hobby Applikationen
Materialien · Techniken · Modelle (0899) Von H. Probst-Reinhardt, 80 S., 92 Farbfotos, 31 Zeichnungen kart. ●●

Hobby Spitzencollagen
Bezaubernde Motive aus edlem Material. (0847) Von H. Westphal, 80 S., 186 Farbfotos, kart. ●●

Falken-Handbuch **Nähen**
Abc der Nähtechniken und kreative Modellschneiderei in ausführlichen Schritt-für-Schritt-Bildfolgen. (4272) Von A. Bree, 320 S., 1142 Abbildungen, Schnittmusterbogen für alle Modelle, Pappband. ●●●●

Kreatives Bilderweben
Materialien · Vorlagen · Motive (0814) Von A. Schulte-Huxel, 32 S., 58 Farbfotos, 8 Zeichnungen, Pappband. ●

Die schönsten Handarbeiten zum Verschenken
(4225) Von B. Wenzelburger 128 S., 156 Farbfotos, 70 zweifarbige Zeichnungen, Pappband. ●●●●

Die hier vorgestellten Bücher, Videokassetten und Software sind in folgende Preisgruppen unterteilt:

● Preisgruppe bis DM 10,–/S 79,–/Fr.10
●● Preisgruppe über DM 10,– bis DM 20,– S 80,– bis S 160,– Fr. 10,– bis Fr. 18,70
●●● Preisgruppe über DM 20,– bis DM 30,– S 161,– bis S 240,– Fr. 18,70 bis Fr. 27,70
●●●● Preisgruppe über DM 30,– bis DM 50,– S 241,– bis S 400,– Fr. 27,70 bis Fr. 46,–
●●●●● Preisgruppe über DM 50,–/S 401,–/Fr.46,–
*(unverbindliche Preisempfehlung)

Die Preise entsprechen dem Status beim Druck dieses Verzeichnisses (s. Seite 1) – Änderungen, im besonderen der Preise, vorbehalten –

Zauberhafte alte Puppen
Sammeln · Restaurieren · Nachbilden
(4255) Von C.A. Stanton, J. Jacobs, 120 S., 157 Farbfotos, 24 Zeichnungen, Pappband. ●●●●

Hobby Puppen
Bezaubernde Modelle selbst gestalten.
(0742) Von B. Wenzelburger, 88 S., 163 Farbfotos, 41 Zeichn., 11 Schnittmuster, kart. ●●

Selbstgestrickte Puppen
Materialien und Arbeitsanleitungen.
(0638) Von B. Wehrle, 32 S., 21 Farbfotos, 24 Zeichnungen, Pappband. ●

Kuscheltiere stricken und häkeln
Arbeitsanleitungen und Modelle. (0734) Von B. Wehrle, 32 S., 60 Farbfotos, 28 Zeichnungen, Spiralbindung. ●

Phantasiepuppen stricken und häkeln
Märchenhafte Modelle mit Arbeitsanleitungen. (0813) Von B. Wehrle, 32 S., 26 Farbfotos, 46 Zeichnungen, Pappband. ●

Dekorative Rupfenpuppen
Arbeitsanleitungen und Gestaltungsvorschläge. (0733) Von B. Wenzelburger, 32 S., 57 Farbfotos, 14 Zeichnungen, Spiralbindung. ●

Teddybären
Sechs beliebte Modelle
(5159) Von Y. Thalheim, H. Nadolny, 32 S., 46 Farbfotos, 9 Zeichnungen, mit Vorlagebogen in Originalgröße, kart. ●

Heißgeliebte Teddybären
Selbermachen · Sammeln · Restaurieren.
(0900) Von H. Nadolny, Y. Thalheim, 80 S., 119 Farbfotos, 23 s/w-Zeichnungen, 14 S. Schnittmusterbogen, kart. ●●

Hobby Salzteig
(0662) Von I. Kiskalt, 80 S., 150 Farbfotos, 5 Zeichnungen, Schablonen, kart. ●●

Neue zauberhafte Salzteig-Ideen
(0719) Von I. Kiskalt, 80 S., 324 Farbfotos, 12 Zeichnungen, Schablonen, kart. ●●

Kreatives Gestalten mit Salzteig
Originelle Motive für Fortgeschrittene.
(0769) Hrsg. I. Kiskalt, 80 S., 168 Farbfotos, kart. ●●

Originell und dekorativ
Salzteig mit Naturmaterialien
(0833) Von A. und H. Wegener, 80 S., 166 Farbfotos, kart. ●●

Salzteig kinderleicht
(0973) Von I. Kiskalt, 80 S., 224 Farbfotos, 8 Zeichnungen, kart. ●●

Gestalten mit Salzteig
formen · bemalen · lackieren. (0613) Von W.-U. Cropp, 32 S., 56 Farbfotos, 17 Zeichnungen, Pappband. ●

Videokassette
Hobby Salzteig
(6010) VHS. in Farbe, 35 Min., mit Begleitheft. ●●●

Schöne Sachen modellieren
Originelles aus Cernit – ideenreich gestaltet.
(0762) Von G. Thelen, 32 S., 105 Farbfotos, Pappband. ●

Töpfern
als Kunst und Hobby. (4073) Von J. Fricke, 132 S., 37 Farbfotos, 222 s/w-Fotos, Pappband. ●●●●

Kreatives Gestalten mit Ton
Töpfern ohne Scheibe – Aufbaukeramik
(0896) Von A. Riedinger, 80 S., 207 Farbfotos, 16 Zeichnungen, 7 Vignetten, kart. ●●

Hobby Glaskunst in Tiffany-Technik
(0781) Von N. Köppel, 80 S., 194 Farbfotos, 6 s/w-Abb., kart., ●●

Tiffany-Lampen selbermachen
Arbeitsanleitung · Materialien · Modelle.
(0684) Von I. Spliethoff, 32 S., 60 Farbfotos, 19 Zeichnungen, Pappband. ●

Tiffany-Spiegel selbermachen
Materialien · Arbeitsanleitung · Vorlagen.
(0761) Von R. Thomas, 32 S., 53 Farbabb., Pappband. ●

Fensterbilder in Tiffany-Technik
(5168) Von P. Matz, 32 S., 43 Farbfotos, mit Vorlagebogen in Originalgröße, kart. ●

Tiffany-Schmuck selbermachen
Materialien · Arbeitsanleitungen · Modelle.
(0871) Von B. Poludniak, H. W. Scheib, 32 S., 55 Farbfotos, Pappband. ●

Tiffany-Technik
und andere kunstvolle Arbeiten in Glas
(0972) Von. D. Köhnen, 80 S., 176 Farbfotos, 5 s/w-Zeichnungen, kart. ●●

Tiffany-Gürtelschnallen
(5160) Von G.G. Scheib, R. Grella, 32 S., 52 Farbfotos, 1 Zeichnung, mit Vorlagebogen in Originalgröße, kart. ●

Schmuck, Accessoires und Dekoratives
aus Fimo modelliert. (0873) Von A. Aurich, 32. S., 54 Farbfotos, Pappband. ●

Modeschmuck mit Federn und Straß
(5167) Von J. Niemeier, 32 S., 41 Farbfotos, mit Vorlagebogen in Originalgröße, kart. ●

Exklusiver Modeschmuck
aus dem eigenen Atelier
(0925) Von J. Niemeier, J. Klein, 80 S., 141 Farbfotos, 25 Zeichnungen, kart. ●●

Gestalten mit Glasperlen
fädeln · sticken · weben (0640) Von A. Köhler, 32 S., 55 Farbfotos, Spiralbindung. ●

Masken
phantasievoll dekorieren
(5155) Von Chr. Familler, 32 S., 48 Farbfotos, mit Vorlagebogen in Originalgröße, kart. ●

Bastelspaß mit der Laubsäge
Mit Schnittmusterbogen für viele Modelle in Originalgröße. (0741) Von L. Giesche, M. Bausch, 32 S., 61 Farbfotos, 7 Zeichnungen, Schnittmusterbogen, Pappband. ●

Strohschmuck selbstgebastelt
Sterne, Figuren und andere Dekorationen
(0740) Von E. Rombach, 32 S., 60 Farbfotos, 17 Zeichnungen, Pappband. ●

Hobby Drachen
bauen und steigen lassen. (0767) Von W. Schimmelpfennig, 80 S., 1 dreiseitige Ausklapptafel, 55 Farbfotos, 139 Zeichnungen kart. ●●

Drachen
Einfache Modelle für Kinder
(5156) Von W. Schimmelpfennig, 32 S., 11 Farbfotos, 31 Zeichnungen, mit Vorlagebogen in Originalgröße, kart. ●

Das große farbige
Bastelbuch für Kinder
(4254) Von U. Barff, I. Burkhardt, J. Maier. 224 S., 157 Farbfotos, 430 Farb- und 60 s/w-Zeichnungen, mit Schnittmusterbogen, Pappband. ●●●

Videokassette
Basteln mit Kindern
(6041) VHS, 60 Min., in Farbe, mit Begleitheft, ●●●●*

Heut basteln wir mit Pappe und Papier
(4413) Von U. Barff, J. Maier, 224 S., 117 Farbfotos, 480 Farbzeichnungen, 25 s/w-Abbildungen, mit Schnittmusterbogen, Pappband. ●●●

Hobby Origami
Papierfalten für groß und klein.
(0756) Von Z. Aytüre-Scheele, 80 S., 820 Farbfotos, kart. ●●

Neue zauberhafte Origami-Ideen
Papierfalten für groß und klein.
(0805) Von Z. Aytüre-Scheele, 80 S., 720 Farbfotos, kart. ●●

Origami –
Die Kunst des Papierfaltens. (0280) Von R. Harbin, 112 S., 633 Zeichnungen, 9 Fotos, kart. ●

Schritt für Schritt zum Scherenschnitt
Materialien · Techniken · Gestaltungsvorschläge. (0732) Von H. Klingmüller, 32 S., 38 Farbfotos, 34 Vorlagen, Pappband. ●

Fensterbilder in Scherenschnitt
(5169) Von A. Hahn, 32 S., 52 Farbfotos, 3 s/w-Fotos, mit Vorlagebogen in Originalgröße, kart. ●

Fensterbilder aus Papier
(5158) Von E. Rüscher, 32 S., 39 Farbfotos, 5 Zeichnungen, mit Vorlagebogen in Originalgröße, kart. ●

Papierflieger
(5157) Von T. Gött, 32 S., 73 Farbfotos, 19 Zeichnungen, mit Vorlagebogen in Originalgröße, kart. ●

Schachteln basteln und dekorieren
(5170) Von Chr. Adjano, 32 S., 55 Farbfotos, mit Vorlagebogen in Originalgröße, kart. ●

Deco Art
Die Kunst, Geschenke zu verpacken
(0949) Von B. Niermann, 80 S., 78 Farbfotos, 191 Zeichnungen, kart. ●●

Tischkarten dekorativ gestalten
aus allerlei Material für viele Anlässe
(0946) Von H. York, 32 S., 108 Farbfotos, Pappband. ●

Altes Brauchtum neu entdeckt
Schmuck-Eier
Kunstvoll gestalten und verzieren. (0919) Von I. Kiskalt, 32 S., 45 Farbfotos, 3 s/w-Zeichnungen, Pappband. ●

Basteln für Ostern
(5164) Von Chr. Adjano, 32 S., 47 Farbfotos, mit Vorlagebogen in Originalgröße, kart. ●

Alle Jahre wieder…
Advent und Weihnachten
Basteln, Backen, Schmücken, Singen, Vorlesen, Feiern.
(4260) Von H. und Y. Nadolny, 256 S., 105 Farbfotos, 130 Zeichn., Pappband. ●●●

Die hier vorgestellten Bücher, Videokassetten und Software sind in folgende Preisgruppen unterteilt:

● Preisgruppe bis DM 10,–/S 79,–/Fr.10
●● Preisgruppe über DM 10,– bis DM 20,– S 80,– bis S 160,– Fr. 10,– bis Fr. 18,70
●●● Preisgruppe über DM 20,– bis DM 30,– S 161,– bis S 240,– Fr. 18,70 bis Fr. 27,70
●●●● Preisgruppe über DM 30,– bis DM 50,– S 241,– bis S 400,– Fr. 27,70 bis Fr. 46,–
●●●●● Preisgruppe über DM 50,–/S 401,–/Fr.46,–
*(unverbindliche Preisempfehlung)

Die Preise entsprechen dem Status beim Druck dieses Verzeichnisses (s. Seite 1) – Änderungen, im besonderen der Preise, vorbehalten –

Basteln für Weihnachten
(5162) Von Chr. Adjano, 32 S., 44 Farbfotos, mit Vorlagebogen in Originalgröße, kart. ●

Weihnachtsbasteleien
Advents- und Weihnachtsschmuck für groß und klein
(0667) Von M. Kühnle und S. Beck, 32 S., 56 Farbfotos, 6 Zeichnungen, Pappband. ●

Feuerzeichen behaglicher Wohnkultur
Kachelöfen, Kamine und Kaminöfen
(4288) Hrsg. von C. Berninghaus. Von R. Heinen, G. Kosicek, H.P. Sabborrosch, 168 S., 291 Farbfotos, 2 s/w-Fotos, 8 Zeichnungen, Pappband. ●●●●

Garagentore selbst bemalt
Techniken und Motive.(0786) Von H. und Y. Nadolny, 32 S., 34 Farbfotos, 12 s/w-Zeichnungen, Pappband. ●

Falken Handbuch
Heimwerken
Reparieren und Selbermachen im Haus und Wohnung – über 1100 Farbfotos. Praktische Tips vom Profi: Selbermachen, Reparieren, Renovieren, Kostensparen. (4117) Von Th. Pochert, 440 S., 1103 Farbfotos, 100 ein- und zweifarbige Abb., Pappband. ●●●●

Restaurieren von Möbeln
Stilkunde, Materialien, Techniken, Arbeitsanleitungen in Bildfolgen.
(4120) Von E. Schnaus-Lorey, 152 S., 37 Farbfotos, 75 s/w-Fotos, 352 Zeichnungen, Pappband. ●●●●

Möbel aufarbeiten, reparieren und pflegen
(0386) Von E. Schnaus-Lorey, 96 S., 28 Fotos, 101 Zeichnungen, kart. ●

FALKEN-Heimwerker-Praxis
Kleinmöbel aus Holz
(0905) Von O. Maier, 128 S., 210 Farbfotos, 80 Zeichnungen, kart. ●●

FALKEN-Heimwerker-Praxis
Tapezieren
(0743) Von W. Nitschke, 112 S., 186 Farbfotos, 9 Zeichnungen, kart. ●●

FALKEN-Heimwerker-Praxis
Anstreichen und Lackieren
(0771) Von P. Müller, 120 S., 196 Farbfotos, 2 s/w-Fotos, 3 Zeichnungen, kart. ●●

FALKEN-Heimwerker-Praxis
Elektroarbeiten
(0975) Von K.H. Schubert, 120 S., 193 Farbfotos, 40 Zeichnungen, kart. ●●

FALKEN-Heimwerker-Praxis
Fahrrad-Reparaturen
(0796) Von R. van der Plas, 112 S., 140 Farbfotos, 113 farbige Zeichnungen, kart. ●●

Ikebana
Einführung in die japanische Kunst des Blumensteckens. (0548) Von G. Vocke, 152 S., 47 Farbfotos, kart. ●●

Blütenbilder aus Blumen und Blättern
Phantasievolle Naturcollagen.
(0872) Von G. Schamp, 32 S., 57 Farbfotos, 1 Zeichnung, Pappband. ●

Hobby Gewürzsträuße
und zauberhafte Gebinde nach Salzburger Art. (0726) Von A. Ott, 80 S., 101 Farbfotos, 51 farbige Zeichnunen, kart. ●●

Hobby Trockenblumen
Gewürzsträuße, Gestecke, Kränze, Buketts.
(0643) Von R. Strobel-Schulze, 88 S., 170 Farbfotos, kart. ●●

Neue zauberhafte Trockenblumen-Ideen
(0821) Von R. Strobel-Schulze, 80 S., 163 Farbfotos, kart. ●●

Mit vollem Genuß
Pfeife rauchen
Alles über Tabaksorten, Pfeifen und Zubehör. (4227) Von H. Behrens, H. Frickert, 168 S., 127 Farbfotos, 18 Zeichn., Pappband. ●●●●

Pfeiferauchen leicht gemacht
Die richtige Art, Tabak zu genießen
(1026) Von O. Pollner, Ca. 112 S., ca. 120 Farbfotos, ca. 4 s/w-Abb., kart. ●●

Münzen
Ein Brevier für Sammler. (0353) Von E. Dehnke, 128 S., 4 Farbtafeln, 17 s/w-Abb., kart. ●●

Die Fazination der Philatelie
Briefmarken sammeln
(4273) Von D. Stein, 212 S., 124 s/w-Fotos, 24 Farbtafeln, Pappband. ●●●

Briefmarken
sammeln für Anfänger. (0481) Von D. Stein. 120 S., 4 Farbtafeln, 98 s/w-Abb., kart. ●

Freizeit mit dem Mikroskop
(0291) Von M. Deckart, 132 S., 8 Farbtafeln, 64 s/w-Abb., 2 Zeichnungen, kart. ●●

Astronomie im Bild
Unser Sternenhimmel rund ums Jahr
(0849) Von Dr. E. Übelacker, 88 S., 48 Farbfotos, 1 s/w-Foto, 68 Farbzeichn., kart. ●●

Astronomie als Hobby
Sternbilder und Planeten erkennen und benennen. (0572) Von D. Block, 176 S., 16 Farbtafeln, 49 s/w-Fotos, 93 Zeichnungen, kart. ●●

Moderne Fotopraxis
(4401) Von G. Koshofer, Prof. H. Wedewardt, 224 S., 363 Farbfotos, 106 s/w-Fotos, 5 Farb- und 24 s/w-Zeichnungen, Pappband. ●●●

Mach dir ein Bild
Praxistips für Foto, Film und Video
(4410) Von G. Staab, 208 S., 202 Farbfotos, 175 s/w-Fotos, 1 Zeichnung, Pappband. ●●●

So macht man bessere Fotos
Das meistverkaufte Fotobuch der Welt.
(0614) Von M. L. Taylor, 192 S., 457 Farbfotos, 8 s/w-Fotos, 7 Zeichnungen, kart. ●●

Aktfotografie
Interpretationen zu einem unerschöpflichen Thema. Gestaltung · Technik · Spezialeffekte.
(0737) Von H. Wedewardt, 88 S., 144 Farb- und 6 s/w-Fotos, 6 Zeichnungen, kart. ●●

Videokassette
Aktfotografie
Gestaltung, Technik, Spezialeffekte
(6001) VHS, Laufzeit 60 Min., mit Begleitheft, in Farbe. ●●●●●*

Videografieren
Filmen mit Video 8. Technik – Bildgestaltung – Schnitt – Vertonung. (0843) Von M. Wild, K. Möller, 120 S., 101 Farbfotos, 22 s/w-Fotos, 52 Zeichnungen, kart. ●●

Videokassette
Videografieren
Filmen mit Video 8. Technik – Bildgestaltung - Schnitt - Vertonung. (6031) VHS, (6033) Beta, (6034) Video 8, 60 Min., in Farbe, mit Begleitheft. ●●●●●*

Videografieren perfekt
Profitricks für Aufnahmetechnik und Nachbearbeitung
(0969) Von W. Schild, 120 S., 133 Farbabb., 4 s/w-Zeichnungen, kart. ●●●

Videokassette
Videografieren perfekt
(6042) VHS, (6043) Beta, (6044) Video 8, 60 Min., in Farbe, mit Begleitheft, ●●●●●*

Schmalfilmen
Ausrüstung · Aufnahmepraxis · Schnitt · Ton.
(0342) Von U. Ney, 108 S., 4 Farbtafeln, 25 s/w-Fotos, kart. ●

Schmalfilme selbst vertonen
(0593) Von U. Ney, 96 S., 57 s/w-Fotos, 14 Zeichnungen, kart. ●

Anlagenbau in Modultechnik
für Modelleisenbahnen und Dioramen.
(0845) Von J. Thal, 104 S., 68 Farbfotos, 28 Zeichnungen, kart. ●●●

Videokassette
Die Modelleisenbahn
Anlagenbau in Modultechnik. Neue kreative Gestaltung. Neue raffinierte Techniken.
(6028) VHS, 30 Min., in Farbe, ●●●●*

Kleine Welt auf Rädern
Das faszinierende Spiel mit **Modelleisenbahnen** (4175) Von F. Eisen, 256 S., 72 Farb- und 180 s/w-Fotos, 25 Zeichnungen, Pappband. ●●●

Flugmodelle
bauen und einfliegen. (0361) Von W. Thies und W. Rolf, 160 S., 63 Abb., 7 Faltpläne, kart. ●●

Die Super-Sportwagen der Welt
(4423) Von H.G. Isenberg, 194 S., 184 Farbfotos, 4 farbige Ausklapptafeln, 32 s/w-Fotos, Pappband. ●●●●

Die Super-Trucks der Welt
(4257) Von H. G. Isenberg, 194 S., 205 Farbfotos, 87 s/w-Fotos, 7 Farbzeichnungen, 4 farb. Ausklapptafeln, Pappband. ●●●●

Die Super-Motorräder der Welt
(4193) Von H. G. Isenberg, 192 S., 170 Farb- und 100 s/w-Fotos, 8 Zeichnungen, Pappband. ●●●●

Die Super-Eisenbahnen der Welt
(4287) Von W. Kosak, H. G. Isenberg, 224 S., 269 Farbfotos, 79 s/w-Fotos, 8 Vignetten, 5 farb. Ausklapptafeln, Pappband. ●●●●

Elektronik als Hobby
Von der Grundlagenschaltung zum integrierten Schaltkreis
Mit 8 wichtigen Universalplatinen
(4293) Von W. Priesterath, 264 S., 80 s/w-Fotos, 128 Zeichn., Pappband. ●●●

Die hier vorgestellten Bücher, Videokassetten und Software sind in folgende Preisgruppen unterteilt:

● Preisgruppe bis DM 10,–/S 79,–/Fr.10
●● Preisgruppe über DM 10,– bis DM 20,– S 80,– bis S 160,– Fr. 10,– bis Fr. 18,70
●●● Preisgruppe über DM 20,– bis DM 30,– S 161,– bis S 240,– Fr. 18,70 bis Fr. 27,70
●●●● Preisgruppe über DM 30,– bis DM 50,– S 241,– bis S 400,– Fr. 27 70 bis Fr. 46,–
●●●●● Preisgruppe über DM 50,–/S 401,–/Fr.46,–
*(unverbindliche Preisempfehlung)

Die Preise entsprechen dem Status beim Druck dieses Verzeichnisses (s. Seite 1) – Änderungen, im besonderen der Preise, vorbehalten –

Sport und Fitneß

Neue Lehrmethoden der Judo-Praxis
(0424) Von P. Herrmann, 223 S., 475 Abb., kart. ●●

Judo
Grundlagen - Methodik. (0305) Von M. Ohgo, 208 S., 1025 Fotos, kart. ●●

Fußwürfe
für Judo, Karate und Selbstverteidigung. (0439) Von H. Nishioka, übers. von H.J. Heese, 96 S., 260 Abb., kart. ●

Modernes Karate
Das große Standardwerk mit 2279 Abbildungen. (4280) Von T. Okazaki, Dr. med. M. V. Stricevic, übers. von M. Pabst, 376 S., 2279 s/w-Abb., Pappband. ●●●●●

Nakayamas Karate perfekt 1
Einführung. (0487) Von M. Nakayama, 136 S., 605 s/w-Fotos, kart. ●●

Nakayamas Karate perfekt 2
Grundtechniken. (0512) Von M. Nakayama, 136 S., 354 s/w-Fotos, 53 Zeichn., kart. ●●

Nakayamas Karate perfekt 3
Kumite 1: Kampfübungen. (0538) Von M. Nakayama, 128 S., 424 s/w-Fotos, kart. ●●

Nakayamas Karate perfekt 4
Kumite 2: Kampfübungen. (0547) Von M. Nakayama, 128 S., 394 s/w-Fotos, kart. ●●

Nakayamas Karate perfekt 5
Kata 1: Heian, Tekki. (0571) Von M. Nakayama, 144 S., 1229 s/w-Fotos, kart. ●●

Nakayamas Karate perfekt 6
Kata 2: Bassai-Dai, Kanku-Dai, (0600) Von M. Nakayama, 144 S., 1300 s/w-Fotos, 107 Zeichnungen, kart. ●●

Nakayamas Karate perfekt 7
Kata 3: Jitte, Hangetsu, Empi. (0618) Von M. Nakayama, 144 S., 1988 s/w-Fotos, 105 Zeichnungen, kart. ●●

Nakayamas Karate perfekt 8
Gankaku, Jion. (0650) Von M. Nakayama, 144 S., 1174 s/w-Fotos, 99 Zeichnungen, kart. ●●

Karate für alle
Karate-Selbstverteidigung in Bildern. (0314) Von A. Pflüger, 112 S., 356 s/w-Fotos, kart. ●

Fit mit **Karate**
(2308) Von A. Pflüger, 96 S., 134 Farbfotos, 4 s/w-Zeichnungen, kart. ●●

25 Shotokan-Katas
Auf einen Blick: Karate–Katas für Prüfungen und Wettkämpfe. (0859) Von A. Pflüger, 88 S., 185 s/w-Abb., 24 ganzseitige Tafeln mit über 1.600 Einzelschritten, kart. ●●

Kontakt-Karate
Ausrüstung · Technik · Training. (0396) Von A. Pflüger, 112 S., 238 s/w-Fotos, kart. ●●

Karate-Do
Das Handbuch des modernen Karate. (4028) Von A. Pflüger, 360 S., 1159 Abb., Pbd. ●●●●

Bo-Karate
Habo-Jitsu – die Techniken des Stockkampfes. (0447) Von G. Stiebler, 176 S., 424 s/w-Fotos, 38 Zeichnungen, kart. ●●

Videokassette
Karate
Einführung und Grundtechniken. (6037) VHS, 45 Min., in Farbe, mit Begleitheft. ●●●●●*

Karate 1
Einführung · Grundtechniken. (0227) Von A. Pflüger, 144 S., 195 s/w-Fotos, 120 Zeichnungen, kart. ●

Karate 2
Kombinationstechniken · Katas. (0239) Von A. Pflüger, 176 S., 452 s/w-Fotos und Zeichnungen,kart. ●

Karate Kata 1
Heian 1–5, Tekki 1, Bassai Dai. (0683) Von W.-D. Wichmann, 164 S., 703 s/w-Fotos, kart. ●●

Karate Kata 2
Jion, Empi, Kanku-Dai, Hangetsu. (0723) Von W.-D. Wichmann, 140 S., 661 s/w-Fotos, 4 Zeichnungen, kart. ●●

Der König des Kung-Fu
Bruce Lee
Sein Leben und Kampf. (0392) Von L. Lee, 136 S., 104 s/w-Fotos, kart. ●●

Bruce Lees Kampfstil 1
Grundtechniken. (0473) Von B. Lee, M. Uyehara, 109 S., 220 Abb., kart. ●

Bruce Lees Kampfstil 2
Selbstverteidigungs-Techniken. (0486) Von B. Lee, M. Uyehara, 128 S., 310 Abb., kart. ●

Bruce Lees Kampfstil 3
Trainingslehre. (0503) Von B. Lee, M. Uyehara, 112 S., 246 Abb., kart. ●

Bruce Lees Kampfstil 4
Kampftechniken. (0523) Von B. Lee, M. Uyehara, 104 S., 211 Abb., kart. ●

Kung-Fu 1
Legende · Philosophie · Grundtechniken (0891) Von Chr. Yim, 152 S., 401 s/w-Fotos, 2 s/w-Zeichnungen, kart. ●●

Kung-Fu und Tai-Chi
Grundlagen und Bewegungsabläufe. (0367) Von B. Tegner, 182 S., 370 s/w-Fotos, kart. ●●

Kung-Fu
Theorie und Praxis klassischer und moderner Stile. (0376) Von M. Pabst, 160 S., 330 Abb., kart. ●●

Bruce Lees Jeet Kune Do
(0440) Von B. Lee, 192 S., mit 105 eigenhändigen Zeichnungen von B. Lee, kart. ●●

Shaolin-Kempo – Kung-Fu
Chinesisches Karate im Drachenstil. (0395) Von R. Czerni, K. Konrad, 246 S., 723 Abb., kart. ●●

Kickboxen
Fitneßtraining und Wettkampfsport. (0795) Von G. Lemmens, 96 S., 208 s/w-Fotos, 23 Zeichnungen, kart. ●●

Ninja 1
Die Lehre der Schattenkämpfer. (0758) Von S.K. Hayes, übers. von J. Schmit, 144 S., 137 s/w-Fotos, kart. ●●

Ninja 2
Die Wege zum Shoshin (0763) Von S.K. Hayes, übers. von J. Schmit, 160 S., 309 s/w-Fotos, 2 Zeichnungen, kart. ●●

Ninja 3
Der Pfad des Togakure-Kämpfers. (0764) Von S.K. Hayes, übers. von J. Schmit, 144 S., 197 s/w-Fotos, 2 Zeichnungen, kart. ●●

Ninja 4
Das Vermächtnis der Schattenkämpfer. (0807) Von S.K. Hayes, übers. von J. Schmit, 196 S., 466 s/w-Fotos, kart. ●●

Ju-Jutsu als Wettkampf
(0826) Von G. Kulot, 168 S., 418 s/w-Fotos, 2 Zeichnungen, kart. ●●

Ju-Jutsu 1
Grundtechniken - Moderne Selbstverteidigung. (0276) Von W. Heim, F.J. Gresch, 164 S., 450 s/w-Fotos, 8 Zeichn., kart. ●

Ju-Jutsu 2
für Fortgeschrittene und Meister. (0378) Von W. Heim, F. J. Gresch, 160 S., 798 s/w-Fotos, kart. ●●

Ju-Jutsu 3
Spezial-, Gegen- und Weiterführungs-Techniken · Stockkampfkunst. (0485) Von W. Heim, F.J. Gresch, 200 S., über 600 s/w-Fotos, kart. ●●

Shuriken · Tonfa · Sai
Stockfechten und andere bewaffnete kampfsportarten aus Fernost. (0397) Von A. Schultz, 96 S., 253 s/w-Fotos, kart. ●●

Illustriertes Handbuch des Taekwondo
Koreanische Kampfkunst und Selbstverteidigung. (4053) Von K. Gil, 248 S., 1026 Abb., Pappband. ●●●

Taekwondo perfekt 1
Die Formenschule bis zum Blaugurt. (0890) Von K. Gil, Kim Chul-Hwan, 176 S., 439 s/w-Fotos, 107 Zeichnungen, kart. ●●

Taekwondo perfekt 2
Die Formenschule vom Blau- bis zum Schwarzgurt
(0976) Von K. Gil, K. Chul-Hwan, 192 S., 461 s/w-Fotos, 112 Zeichnungen, kart. ●●

Taekwon-Do
Koreanischer Kampfsport. (0347) Von K. Gil, 152 S., 408 Abb., kart. ●●

Aikido
Lehren und Techniken des harmonischen Weges. (0537) Von R. Brand, 280 S., 697 Abb., kart. ●●

Hap Ki Do
Grundlagen und Techniken koreanischer Selbstverteidigung. (0379) Von Kim Sou Bong, 112 S., 153 Abb., kart. ●●

Dynamische Tritte
Grundlagen für den Zweikampf. (0438) Von C. Lee, 96 S., 398 s/w-Fotos, 10 Zeichnungen, kart. ●●

Selbstverteidigung
Abwehrtechniken für Sie und Ihn (0853) Von E. Deser, 96 S., 259 s/w-Fotos, kart. ●

Die Faszination athletischer Körper
Bodybuilding
mit Weltmeister Ralf Möller. (4281) Von R. Möller, 128 S., 169 Farbfotos, 14 s/w-Fotos, 1 Farbzeichn., Pappband. ●●●●

Die hier vorgestellten Bücher, Videokassetten und Software sind in folgende Preisgruppen unterteilt:

● Preisgruppe bis DM 10,–/S 79,–/Fr.10
●● Preisgruppe über DM 10,– bis DM 20,– S 80,– bis S 160,– Fr. 10,– bis Fr. 18,70
●●● Preisgruppe über DM 20,– bis DM 30,– S 161,– bis S 240,– Fr. 18,70 bis Fr. 27,70
●●●● Preisgruppe über DM 30,– bis DM 50,– S 241,– bis S 400,– Fr. 27,70 bis Fr. 46,–
●●●●● Preisgruppe über DM 50,–/S 401,–/Fr.46,–
*(unverbindliche Preisempfehlung)

Die Preise entsprechen dem Status beim Druck dieses Verzeichnisses (s. Seite 1) – Änderungen, im besonderen der Preise, vorbehalten –

Bodyshaping · Bodybuilding
Mit Anja Albrecht zur Idealfigur. (4405) Von A. Albrecht, 128 S., 164 Farbfotos, 4 s/w-Fotos, 1 Farb- und 1 s/w-Zeichnung, Pappband. ●●●●

Ladyfitneß
Das neue Körperbewußtsein der Frau
Bodyshaping · Körperpflege · Ernährung · Entspannung
(4433) Von Prof. Dr. S. Starischka, B. Grabis, D. von Gramm, G.W. Kienitz, ca. 128 S., ca. 113 Farbfotos, Pappband. ●●●

Bodybuilding für Frauen
Wege zu Ihrer Idealfigur (0661) Von H. Schulz, 112 S., 84 s/w-Fotos, 4 Zeichnungen, kart. ●●

Bodybuilding
Anleitung zum Muskel- und Konditionstraining für sie und ihn.
(0604) Von R. Smolana, 160 S., 171 s/w-Fotos, kart. ●

Muskeltraining mit Hanteln
Leistungssteigerung für Sport und Fitness. (0676) Von H. Schulz, 104 S., 92 s/w-Fotos, 2 Zeichnungen, kart. ●

Hanteltraining zu Hause
(0800) Von W. Kieser, 80 S., 71 s/w-Fotos, 4 Zeichnungen, kart. ●

Leistungsfähiger durch Krafttraining
Eine Anleitung für Fitness-Sportler, Trainer und Athleten (0617) Von W. Kieser, 96 S., 20 s/w-Fotos, 62 Zeichnungen, kart. ●

Fit und gesund
Fitneßtraining und Bodybuilding zu Hause. Trainingsprogramme für Ihr Wohlbefinden. (0782) Von Prof. Dr. S. Starischka, 80 S., 100 Farbfotos, 3 Zeichnungen, kart. ●●

Videokassette
Fit und gesund Körpertraining und Bodybuilding für zu Hause
(6013) VHS, 30 Min., mit Begleitheft, in Farbe. ●●●●*

Optimale Ernährung
für Krafttraining und Budybuilding.
(0912) Von B. Dahmen, 88 S., 8 Farbtafeln, 8 Zeichnungen, kart. ●

Fit mit **Bio-Training**
für Kraft, Ausdauer und Schnelligkeit
(2310) Von L. Spitz, 112 S., 197 Farbfotos, 11 Farb- und 4 s/w-Zeichnungen, kart. ●●

Top-Form im Sport
Ernährungs-Training
Das Erfolgsprogramm für den Ausdauersportler. (0945) Von M. Inzinger, Dipl.-Oec. troph. G. Wagner, 160 S., 31 Farbzeichnungen, 16 Grafiken, kart. ●●

Gesund und fit durch **Konditionsübungen und Wirbelsäulengymnastik**
(0844) Von R. Milser u. K. Grafe, 104 S., 99 Farbfotos, 12 Farbzeichnungen, 5 s/w-Zeichnungen, kart. ●●

Fit mit **Tai Chi**
als sanfte Körpererfahrung (2305) Von B. u. K. Moegling, 112 S., 121 Farbfotos, 6 Farb- u. 4 s/w-Zeichnungen, kart. ●●

Isometrisches Training
Übungen für Muskelkraft und Entspannung. (0529) Von L. M. Kirsch, 140 S., 162 s/w-Fotos, kart. ●●

Stretching
Mit Dehnungsgymnastik zu Entspannung. Geschmeidigkeit und Wohlbefinden.
(0717) Von H. Schulz, 80 S., 90 s/w-Fotos, kart. ●

Fit mit **Stretching**
(2304) Von B. Kurz, 96 S., 255 Farbfotos, kart. ●●

Gesund und fit durch Gymnastik
(0366) Von H. Pilss-Samek, 132 S., 150 Abb., kart. ●

Fit und frisch
Gymnastik für die ganze Familie
(6501) Von G. Sieber, 104 S., 306 Farbfotos, 5 Farbzeichnungen, kart., mit Audiokassette, Laufzeit 30 Min., ●●●

Fit mit **Laufen**
(2315) Von W. Sonntag, 96 S., 60 Farbfotos, 8 Farbzeichnungen, kart. ●●

Spaß am Laufen
Jogging für die Gesundheit. (0470) Von W. Sonntag. 140 S., 41 s/w-Fotos, 1 Zeichnung, kart. ●

Sportschießen
für jedermann. (0502) Von A. Kovacic, 124 S., 116 s/w-Fotos, kart. ●●

Fit mit **Sportschießen**
(2312) Von H. Gabelmann, ca. 112 S., ca. 100 Farbabbildungen, kart. ●●

Fechten
Florett · Degen · Säbel. (0449) Von E. Beck, 88 S., 185 Fotos, 10 Zeichnungen, kart. ●●

Fit mit **Sportabzeichen**
(2307) Von G. Hennige, 104 S., 107 Farbfotos, kart. ●●

ZDF Sportjahr '87
Rekorde, Siege, Schicksale, Ergebnisse, Termine '88. (4290) Hrsg. von B. Heller, 192 S., 275 Farb- und 4 s/w-Fotos, kart. ●●

ZDF Sportjahr '88
Rekorde · Siege · Schicksale · Ergebnisse
Mit Olympischen Spielen und Fußball–EM (4415) Hrsg. von B. Heller, 224 S., 239 Farbfotos, 1 s/w-Foto, kart. ●●●

Fit mit **Fußball**
(2309) Von H. Obermann, P. Walz, 112 S., 47 Farbfotos, 18 Farb- und 25 s/w-Zeichnungen, kart. ●●

Handball
Technik · Taktik · Regeln. (0426) Von F. und P. Hattig, 128 S., 91 s/w-Fotos, 121 Zeichnungen, kart. ●●

Volleyball
Technik · Taktik · Regeln. (0351) Von H. Huhle, 104 S., 330 Abb., kart. ●

Fit mit **Volleyball**
(2302) Von Dr. A. Scherer, 104 S., 27 Farb- und 1 s/w-Foto, 12 Farb- und 29 s/w-Zeichnungen, kart. ●●

Die neue Tennis-Praxis
Der individuelle Weg zu erfolgreichem Spiel. (4097) Von R. Schönborn, 240 S., 202 Farb- und 31 s/w-Abb., Pappband. ●●●●

Moderne Tennistechnik
(4187) Von G. Lam, 192 S., 339 s/w-Fotos, 91 Zeichnungen, kart. ●●●

Tennis
Technik · Taktik · Regeln. (0375) Von W. u. S. Taferner, 112 S., 81 Abb., kart. ●

Erfolgreiche Tennis-Taktik
(4086) Von R. Ford Greene, übersetzt von M.R. Fischer, 182 S., 87 Abb., kart. ●●

Tischtennis-Technik
Der individuelle Weg zu erfolgreichem Spiel. (0775) Von M. Perger, 144 S., 296 Abb. kart. ●●

Badminton
Technik · Taktik · Training. (0699) Von K. Fuchs, L. Sologub, 168 S., 51 Abb., kart., ●●

Squash
Ausrüstung · Technik · Regeln. (0539) Von D. von Horn, H.-D. Stünitz, 96 S., 55 s/w-Fotos, 25 Zeichnungen, kart. ●

Fit mit **Squash**
(2311) Von P. Langhammer, R. Michna, 96 S., 86 Farbfotos, 13 Farbzeichnungen, kart. ●●

Eishockey
Lauf- und Stocktechnik, Körperspiel, Taktik, Ausrüstung und Regeln. (0414) Von J. Čapla, 264 S., 548 s/w-Fotos, 163 Zeichnungen, kart. ●●

Golf
Ausrüstung und Technik. (0343) Von J.C. Jessop, übersetzt von H. Biemer, mit einem Vorwort von H. Krings, Präsident des Deutschen Golf-Verbandes, 96 S., 57 Abb., Anhang Golfregeln des DGV, kart. ●●

Pool-Billard
(0484) Herausgegeben vom Deutschen Pool-Billard-Bund. Von M. Bach, K.-W. Kühn, 104 S., 64 Abb., kart. ●

Tanzen überall
Discofox, Rock'n Roll, Blues, Langsamer Walzer, Cha-Cha-Cha zum Selberlernen. (0760) Von H.M. Pritzer, 112 S., 128 Farbfotos, kart. ●●

Tanzstunde
Das Welttanzprogramm leicht gelernt
(4409) Von G. Hädrich, 164 S., 489 s/w-Fotos, 63 Zeichnungen, Pappband. ●●●

Wir lernen tanzen
Standard- und lateinamerikanische Tänze. (0200) Von E. Fern, 168 S., 118 s/w-Fotos, 47 Zeichnungen, kart. ●

Fit mit **Tanzen**
(2303) Von K. Richter, H. Kleinow, 88 S., 94 Farbfotos, kart. ●●

Dancing
Moderne Discotänze: mit Mambo und Salsa (0977) Von B. und F. Weber, 96 S., 207 s/w-Fotos, kart. ●●

Dirty Dancing
Step by Step leicht gelernt
(0992) Von D. Glück, G. Teuser, 80 S., 140 Farbfotos, kart. ●●

So tanzt man Rock'n Roll
Grundschritte · Figuren · Akrobatik.
(0573) Von W. Steuer und G. Marz, 224 S., 303 Abb., kart. ●●

Anmutig und fit durch
Bauchtanz
(0911) Von Marta, 120 S., 229 Farbfotos, 6 s/w-Zeichnungen, kart. ●●

Sporttauchen
Theorie und Praxis des Gerätetauchens. (0647) Von S. Müßig, 144 S., 3 Farbtafeln, 35 s/w-Fotos, 89 Zeichnungen, kart. ●●

Die hier vorgestellten Bücher, Videokassetten und Software sind in folgende Preisgruppen unterteilt:

● Preisgruppe bis DM 10,–/S 79,–/Fr.10
●● Preisgruppe über DM 10,– bis DM 20,– S 80,– bis S 160,– Fr. 10,– bis Fr. 18,70
●●● Preisgruppe über DM 20,– bis DM 30,– S 161,– bis S 240,– Fr. 18,70 bis Fr. 27,70
●●●● Preisgruppe über DM 30 – bis DM 50,– S 241,– bis S 400,– Fr. 27,70 bis Fr. 46,–
●●●●● Preisgruppe über DM 50,–/S 401,–/Fr.46,–
*(unverbindliche Preisempfehlung)

Die Preise entsprechen dem Status beim Druck dieses Verzeichnisses (s. Seite 1) – Änderungen, im besonderen der Preise, vorbehalten –

Sportfischen
Fische · Geräte · Techniken. (0324) Von H. Oppel, 144 S., 49 s/w-Fotos, 8 Farbt., kart. ●

Angeln
Kleine Fibel für den Sportfischer. (0198) Von E. Bondick, 80 S., 4 Farbt., 116 Abb., kart. ●

Falken-Handbuch
Angeln
in Binnengewässern und im Meer. (4090) Von H. Oppel, 344 S., 24 Farbtafeln, 66 s/w-Fotos, 151 Zeichn., gebunden. ●●●●

Funboard-Surfen
Material · Technik · Regatten · Internationale Reviere. (4297) Von J. Evans, 144 S., 106 Farbfotos, 9 Farbzeichnungen, 68 zweifarbige und 5 s/w-Zeichnungen, kart. ●●●

Fibel für Kegelfreunde
Sport- und Freizeitkegeln · Bowling. (0191) Von G. Bocsai, 72 S., 62 Abb., kart. ●

Fit mit **Kegeln**
(2301) Von G. Gromann, 96 S., 51 Farbfotos, 50 Farb- und 4 s/w-Zeichnungen, kart. ●●

Beliebte und neue Kegelspiele
(0271) Von H. Regulski, 92 S., 62 Abb., kart. ●

111 spannende Kegelspiele
(2031) Von H. Regulski, 80 S., 53 Zeichnungen, kart. ●

Schach

Einführung in das Schachspiel
(0104) Von W. Wollenschläger und K. Colditz, 112 S., 116 Diagramme, kart. ●

Falken-Handbuch
Schach
(4051) Von T. Schuster, 360 S., über 340 Diagramme, gebunden. ●●●●

Spielend Schach lernen
(2002) Von T. Schuster, 96 S., kart. ●

Kinder- und Jugendschach
Offizielles Lehrbuch des Deutschen Schachbundes zur Erringung der Bauern-, Turm- und Königsdiplome. (0561) Von B.J. Withuis, H. Pfleger, 144 S., 220 Zeichnungen und Diagramme, kart. ●●

Zug um Zug
Schach für jedermann 1
Offizielles Lehrbuch des Deutschen Schachbundes zur Errinung des Bauerndiploms. (0648) Von H. Pfleger, E. Kurz, 80 S., 24 s/w-Fotos, 8 Zeichn., 60 Diagramme, kart. ●

FALKEN-Software
Zug um Zug
Schach für jedermann 1
(7015) Wendediskette für C 64/C 128 PC, mit Begleitheft. ●●●●*

(7005) Wendediskette für Atari ST 520/1040, mit Begleitheft. ●●●●●*

Zug um Zug
Schach für jedermann 2
Offizielles Lehrbuch des Deutschen Schachbundes zur Erringung des Turmdiploms. (0659) Von H. Pfleger, E. Kurz, 128 S., 7 s/w-Fotos, 13 Zeichnungen, 78 Diagramme, kart. ●

Zug um Zug
Schach für jedermann 3
Offizielles Lehrbuch des Deutschen Schachbundes zur Erringung des Königdiploms. (0728) Von H. Pfleger, G. Treppner, 128 S., 4 s/w-Fotos, 84 Diagramme, 10 Zeichnungen, kart. ●

Schach für Fortgeschrittene
Taktik und Probleme des Schachspiels. (0219) Von R. Teschner, 88 S., 85 Diagramme, kart. ●

Neue Schacheröffnungen
(0478) Von T. Schuster 104 S., 100 Diagramme, kart. ●

Lehr-, Übungs- und Testbuch der Schachkombinationen
(0649) Von K. Colditz, 184 S., 227 Diagramme, kart. ●●

Die hohe Schule der
Schachkombinationen
(0920) Von W. Golz, P. Keres, 272 S., 322 Diagramme, Pappband. ●●

Schwerfiguren greifen ein
(0979) Von J. Damski, 184 S., 244 Diagramme, Pappband. ●●

Offizielles Lehrbuch des Deutschen Schachbundes
Das systematische Schachtraining
Trainingsmethoden, Strategien und Kombinationen. (0857) Von Sergiu Samarian, 152 S., 159 Diagramme, 1 Zeichn., kart. ●●

Taktische Schachendspiele
(0752) Von J. Nunn, 208 S., 152 Diagramme, kart. ●●

Schachstrategie
Ein Intensivkurs mit Übungen und ausführlichen Lösungen. (0584) Von A. Koblenz, dt. Bearb. von K. Colditz, 212 S., 240 Diagramme, kart. ●●

Schachtraining mit den Großmeistern
(0670) Von H. Bouwmeester, 128 S., 90 Diagramme, kart. ●●

Die besten Partien deutscher Schachgroßmeister
(4121) Von H. Pfleger, 192 S., 29 s/w-Fotos, 89 Diagramme, Pappband. ●●●

So denkt eine Schachmeister
Strategische und taktische Analysen. (0915) Von H. Pfleger, G. Treppner, 120 S., 75 Diagramme, kart. ●●

Schach als Kampf
Meine Spiele und mein Weg. (0729) Von G. Kasparow, 144 S., 95 Diagramme, 9 s/w-Fotos, kart. ●●

Schach WM '87
Kasparow/Karpow
(0910) Von H. Pfleger, O. Borik, M. Kipp-Thomas, 136 S., 36 s/w-Fotos, 96 Diagr., kart. ●●

Helmut Pflegers
Schachkabinett
Amüsante Aufgaben – überraschende Lösungen. (0877) Von H. Pfleger, 160 S., 118 Diagramme, kart. ●●

Schach mit dem Computer
(0747) Von D. Frickenschmidt, 140 S., 112 Diagramme, 29 s/w-Fotos, 5 Zeichnungen, kart. ●●

FALKEN-Software
Das komplette Schachprogramm
Spielen, Trainieren, Problemlösen mit dem Computer. (7006) Von J. Egger, Diskette für C 64, C 128 PC, mit Begleitheft. ●●●●●*

Mensch und Gesundheit

Sexualberatung
(0402) Von Dr. M. Röhl, 168 S., 8 Farbtafeln, 17 Zeichnungen, Pappband. ●●

Der moderne Ratgeber
Wir werden Eltern
Schwangerschaft · Geburt · Erziehung des Kleinkindes. (4269) Von B. Nees-Delaval, 376 S., 335 2-farbige Abb., Pappband. ●●●●

Wenn Sie ein Kind bekommen
(4003) Von U. Klamroth, Dr. med. H. Oster, 240 S., 86 s/w-Fotos, 30 Zeichn., kart. ●●●

Wenn der Mensch zum Vater wird
Ein heiter-besinnlicher Ratgeber. (4259) Von D. Zimmer, 160 S., 20 Zeichnungen, Pappband. ●●

Vorbereitung auf die Geburt und
Schwangerschaftsgymnastik
Atmung, Rückbildungsgymnastik. (0251) Von s. Buchholz, 112, S., 98 s/w-Fotos, kart. ●

Yoga für Schwangere
Der Weg zur sanften Geburt. (0777) Von V. Bolesta-Hahn, 112 S., 76 zweifarbige Abb., kart. ●●

Die Kunst des Stillens
nach neuesten Erkenntnissen (0701) Von Prof. Dr. med. E. Schmidt, S. Brunn, 112 S., 20 Fotos und Zeichnungen, kart. ●

Das Babybuch
Pflege · Ernährung · Entwicklung. (0531) Von A. Burkert, 128 S., 16 Farbtafeln, 38 s/w-Fotos, 30 Zeichnungen, kart. ●●

Wenn Kinder krank werden
Medizinischer Ratgeber für Eltern. (4240) Von Dr. med. I.J. Chasnoff, B. Nees-Delaval, 232 S., 163 Zeichn., Pbd.. ●●●

Erkennen Sie sich selbst.
Psycho-Tests
(0710) Von B.M. Nash, R.B. Monchick, übers. v. J. Schiesmann, 304 S., 81 Zeichn., kart. ●●

FALKEN-Software
Ego-Tests
Sich und andere besser erkennen und verstehen. (7012) Diskette für IBM PC kompatible (MS DOS) mit Begleitheft. ●●●●●*

Bildatlas des menschlichen Körpers
(4177) Von G. Pogliani, V. Vannini, 112 S., 402 Farbabb. 28 s/w-Fotos, Pappband. ●●●

Dr. Reitners großes Gesundheitslexikon
Mit über 5000 Stichwörtern. (4282) Von Dr. med. H.-J. Lewitzka-Reitner, in Zusammenarbeit mit P. Janknecht und U. Kannapinn, 504 S., 424 s/w-Abbildungen, Pappband. ●●

Die hier vorgestellten Bücher, Videokassetten und Software sind in folgende Preisgruppen unterteilt:

● Preisgruppe bis DM 10,–/S 79,–/Fr.10
●● Preisgruppe über DM 10,– bis DM 20,– S 80,– bis S 160,– Fr. 10,– bis Fr. 18,70
●●● Preisgruppe über DM 20,– bis DM 30,– S 161,– bis S 240,– Fr. 18,70 bis Fr. 27,70
●●●● Preisgruppe über DM 30,– bis DM 50,– S 241,– bis S 400,– Fr. 27,70 bis Fr. 46,–
●●●●● Preisgruppe über DM 50,–/S 401,–/Fr.46,–
*(unverbindliche Preisempfehlung)

Die Preise entsprechen dem Status beim Druck dieses Verzeichnisses (s. Seite 1) – Änderungen, im besonderen der Preise, vorbehalten –

Das moderne Hausbuch der Naturheilkunde
Neueste Erkenntnisse der Ganzheitsmedizin von Akupressur bis Zelltherapie
(4403) Von G. Leibold, 448 S., 263 Farbzeichn., 15 s/w-Fotos, Pappband. ●●●●●

Pillenpreise unverblümt
Rezeptfreie Medikamente:
Medizinische Grundlagen · Wirkungen · Risiken · Preisübersicht
(4426) Von Dr. rer.nat. K. Mayer, 248 S., franz. Broschur. ●●●

Ratgeber Aids
Entstehung, Ansteckung, Krankheitsbilder, Heilungschancen, Schutzmaßnahmen.
(0803) Von B. Baartman, Vorwort von Dr. med. H. Jäger, 112 S., 8 Farbtafeln, 4 Grafiken, kart. ●●

Nahrungsmittelallergien
So ernähren Sie sich richtig!
(0913) Von Priv-Doz.Dr.med.habil. J. von Mayenburg, Prof. Dr. med. Dr. phil. S. Borelli, E. Polster, 136 S., kart. ●●

Diabetes
Krankheitsbild, Therapie, Kontrollen, Schwangerschaft, Sport, Urlaub, Alltagsprobleme, Neueste Erkenntnisse der Diabetesforschung. (0895) Von Dr. med. H.J. Krönke, 120 S., 4 Farbtafeln, 14 s/w-Fotos, 13 s/w-Zeichnungen, kart. ●

Darmleiden
Krankheitsbilder, Behandlung, Selbstbehandlung, Richtige Lebensführung und Ernährung. (0798) Von Dr. med. K. Steffens, 112 S., 46 Zeichnungen, kart. ●

Rheuma und Gicht
Krankheitsbilder, Behandlung, Therapieverfahren, Selbstbehandlung. Richtige Lebensführung und Ernährung. (0712) Von Dr. J. Höder, J. Bandick, 104 S., kart. ●

Asthma
Pseudokrupp, Bronchitis und Lungenemphysem. (0778) Von Prof. Dr. med. W. Schmidt, 120 S., 56 Zeichnungen, kart. ●

Krampfadern
Ursachen, Vorbeugung, Selbstbehandlung, Therapieverfahren. (0727) Von Dr. med. K. Steffens, 96 S., 38 Abb., kart. ●

Gallenleiden
Krankheitsbilder, Behandlung, Therapieverfahren, Selbstbehandlung. Richtige Lebensführung und Ernährung. (0673) Von Dr. med. K. Steffens, 104 S., 34 Zeichnungen, kart. ●

Gesundheit durch altbewährte Kräuterrezepte und Hausmittel aus der
Natur-Apotheke
(4156) Von G. Leibold, 236 S., 8 Farbtafeln, 100 Zeichnungen, kart. ●●

Falken-Handbuch **Heilkräuter**
Modernes Lexikon der Pflanzen und Anwendungen (4076) Von G. Leibold, 392 S., 183 Farbfotos, 22 Zeichnungen, geb. ●●●●

Heiltees und Kräuter für die Gesundheit
(4123) Von G. Leibold, 136 S., 15 Farbtafeln, 16 Zeichnungen, kart. ●●

Aus dem Schatz der Naturmedizin
Heilkräuterkuren
(4268) Von Dr. med. E. Rauch, Dr. rer. nat. P. Kruletz, 144 S., 49 Zeichnungen, kart. ●●

Fastenkuren
Wege zur gesunden Lebensführung. Rezepte und Tips für die Nachfastenzeit. Kurzfasten · Saftfastenkuren · Fastenschalttage · Heilfasten. (4248) Von Ha. A. Mehler, H. Keppler, 144 S., 16 s/w-Fotos, 9 Zeichn., Pbd. ●●●

Massagetechniken und Heilanzeigen
Reflexzonentherapie
(4404) Von G. Leibold, 128 S., 53 Farbzeichungen, Pappband. ●●●

Kneippkuren zu Hause
(0779) Von G. Leibold, 112 S., 25 Zeichnungen, kart. ●

Massage
(0750) Von B. Rumpler, K. Schutt, 112 S., 116 zweifarbige Zeichnungen, kart. ●●

Besser sehen durch Augentraining
Ein Gesundheitsprogramm zur Verbesserung des Sehvermögens. (0914) Von K. Schutt, B. Rumpler, 96 S., 32 s/w-Zeichnungen, kart. ●

Krebsangst und Krebs behandeln
Mit einem Vorwort von Prof. Dr. med. Friedrich Douwes. (0839) Von G. Leibold, 104 S., kart. ●

Hypnose und Autosuggestion
Methoden - Heilwirkungen - praktische Beispiele. (0483) Von G. Leibold, 120 S., 9 Illustrationen, kart. ●

Akupressur zur Eigenbehandlung
(0417) Von G. Leibold, 152 S., 78 Abb., kart. ●

Enzyme
Vitalstoffe für die Gesundheit.
(0677) Von G. Leibold, 96 S., kart. ●

Fußsohlenmassage
Heilanzeigen · Technik · Selbsthilfe.
(0714) Von G. Leibold, 96 S., 38 Zeichnungen, kart. ●

Rheuma behandeln und lindern
Mit einem Vorwort von Dr. med. Max-Otto-Bruker. (0836) Von G. Leibold, 96 S., kart. ●

Heilfasten
(0713) Von G. Leibold, 96 S., kart. ●

Besser leben durch Fasten
(0841) Von G. Leibold, 96 S., kart. ●

Die echte Schroth-Kur
(0797) Von Dr. med. R. Schroth, 88 S., 2 s/w-Fotos, kart. ●

Allergien behandeln und lindern
Mit einem Vorwort von Prof. Dr. med. Axel Stemmann. (0840) Von G. Leibold, 96 S., 4 Zeichnungen, kart. ●

Sreß bewältigen durch Entspannung
(0834) Von Dr. med. Chr. Schenk, 88 S., 29 Zeichnungen, kart. ●

Autogenes-Training
Anwendung · Heilwirkungen · Methoden.
(0541) Von R. Faller, 112 S., 3 Zeichn., kart. ●

Chinesische Naturheilverfahren
Selbstbehandlung mit bewährten Methoden der physikalischen Therapie. Atemtherapie · Heilgymnastik · Selbstmassage · Vorbeugen · Behandeln · Entspannen. (4247) Von F.T. Lie, 160 S., 292 zweifarbige Zeichnungen, Pappband. ●●●

Chinesisches Schattenboxen
Tai-Ji-Quan
für geistige und körperliche Harmonie.
(0850) Von F. T. Lie, 120 S., 221 s/w-Fotos, 9 s/w-Zeichnungen, Beilage: 1 s/w-Poster mit zahlreichen Abbildungen, kart. ●●

Fit mit **Tai Chi**
als sanfte Körpererfahrung
(2305) Von B. und K. Moegling, 112 S., 121 Farbfotos, 6 Farbzeichnungen, kart. ●●

Bauch, Taille und Hüfte gezielt formen durch
Aktiv-Yoga
(0709) Von K. Zebroff, 112 S., 102 Farbfotos, kart. ●●

Yoga für Jeden
(0341) Von K. Zebroff. 156 S., 135 Abb., Spiralbindung. ●●●

Yoga gegen Haltungsschäden und Rückenschmerzen
(0394) Von A. Raab, 104 S., 215 Abb., kart. ●

Chinesische Punktmassage **Akupressur**
(4419) Von F.T. Lie, 192 S., 332 zweifarbige Abb., Pappband. ●●●

Shiatsu-Massage
Hormonisierung der Energieströme im Körper. (0615) Von G. Leibold, 196 S., 180 Abb., kart. ●●

Kochen für Diabetiker
Gesund und schmackhaft für die ganze Familie. (4132) Von M. Toeller, W. Schumacher, A. C. Groote, 224 S., 109 Farbfotos, 94 Zeichnungen, Pappband. ●●●

Neue Rezepte für Diabetiker-Diät
Vollwertig - abwechslungsreich - kalorienarm. (0418) Von M. Oehlrich, 96 S., 8 Farbtafeln, kart. ●

Diät bei Störungen des Fettstoffwechsels und zur Vorbeugung der Arteriosklerose
Rezeptteil von B. Zöllner. (3208) Von Prof. Dr. med. G. Wolfram und Dr. med. C. Adam, 104 S., 4 Farbtafeln, kart. ●●

Diät bei Darmkrankheiten
Durchfall - Divertikulose, Reizdarm und Darmträgheit - einheimische Sprue (Zöllakie) - Disaccharidasemangel - Dünndarmresektion - Dumping Syndrom. Rezeptteil von B. Zöllner. (3211) Von Prof. Dr. med. G. Strohmeyer, 88 S., 4 Farbtafeln, kart. ●●

Ballaststoffreiche Kost bei Funktionsstörungen des Darms
Rezeptteil von B. Zöllner. (3212) Von Prof. Dr. med. H. Kasper, 96 S., 34 Farbfotos, 1 s/w-Fotos, kart. ●●

Diät bei Krankheiten des Magens und Zwölffingerdarms
Rezeptteil von B. Zöllner. (3201) Von Prof. Dr. med. H. Kaess, 96 S., 35 Farbfotos, 1 s/w-Zeichnung, kart. ●●

Diät bei Krankheiten der Gallenblase, Leber und Bauchspeicheldrüse
Rezeptteil von B. Zöllner. (3207) Von Prof. Dr. med. H. Kasper, 88 S., 4 Farbtafeln, kart. ●●

Diät bei Übergewicht
Rezeptteil von B. Zöllner. (3209) Von Prof. Dr. med. Ch. Keller, 104 S., 42 Farbfotos, 3 s/w-Zeichnungen, kart. ●●

Diät bei Gicht und Harnsäuresteinen
Rezeptteil von B. Zöllner. (3205) Von Prof. Dr. med. N. Zöllner, 80 S., 4 Farbtafeln, kart. ●●

Diät bei Herzkrankheiten und Bluthochdruck
Rezeptteil von B. Zöllner. (3202) Von Prof. Dr. med. H. Rottka, 92 S., 4 Farbtafeln, kart. ●●

Die hier vorgestellten Bücher, Videokassetten und Software sind in folgende Preisgruppen unterteilt:

● Preisgruppe bis DM 10,–/S 79,–/Fr.10
●● Preisgruppe über DM 10,– bis DM 20,– S 80,– bis S 160,– Fr. 10,– bis Fr. 18,70
●●● Preisgruppe über DM 20,– bis DM 30,– S 161,– bis S 240,– Fr. 18,70 bis Fr. 27,70
●●●● Preisgruppe über DM 30,– bis DM 50,– S 241,– bis S 400,– Fr. 27 70 bis Fr. 46,–
●●●●● Preisgruppe über DM 50,–/S 401,–/Fr.46,–
*(unverbindliche Preisempfehlung)

Die Preise entsprechen dem Status beim Druck dieses Verzeichnisses (s. Seite 1) – Änderungen, im besonderen der Preise, vorbehalten –

Diät bei Erkrankungen der Nieren, Harnwege und bei Dialysebehandlung
Rezeptteil von B. Zöllner. (3203) Von Prof. Dr. med. Dr. h. c. H. J. Sarre und Prof Dr. med. R. Kluthe, 96 S., 33 Farbfotos, 1 s/w-Zeichnung, kart. ●●

Richtige Ernährung wenn man älter wird
Rezeptteil von B. Zöllner. (3204) Von Prof Dr. med. H.-J. Pusch. 96 S., 36 Farbfotos und 3 s/w-Zeichnungen, kart. ●●

Diät bei Zuckerkrankheit
Rezeptteil von B. Zöllner. (3206) Von Prof. Dr. med. P. Dieterle, 112 S., 42 Farbfotos, 4 vierfarbige Vignetten, 1 s/w-Zeichnung, kart. ●●

Garten, Tiere, Umwelt

Garten heute
Der moderne Ratgeber · Über 1000 Farbbilder. (4283) Von H. Jantra, 384 S., über 1000 Farbabb., Pappband. ●●●●

Blütenpracht in Haus und Garten
Der große praktische Ratgeber mit über 1000 farbigen Abb. (4145) Von M. Haberer, u.a. 352 S., 1012 Farbfotos, Pbd. ●●●●

Die offizielle Sonderausgabe zur BUGA Frankfurt '89
Das Gartenjahr
Arbeitspläne und Pflanzenporträts (4434) Von Dr. G. Schoser, 120 S., 146 Farbfotos, 187 Zeichnungen, 13 Tabellen, kart. ●

Blütenpracht aus winterharten Blumenzwiebeln
(0772) Von H. Lass, 112 S., 120 Farbfotos und Zeichungen, kart. ●●

Erfolgstips für den Obstgarten
Gesunde Früchte durch richtige Sortenwahl und Pflege. (0827) Von F. Mühl, 184 S., 16 Farbtafeln, 33 Zeichnungen, kart. ●●

Erfolgstips für den Gemüsegarten
Mit naturgemäßem Anbau zu höherem Ertrag. (0674) Von F. Mühl, 80 S., 30 s/w-Fotos, 4 Zeichnungen, kart. ●

Mischkultur im Nutzgarten
Mit Jahreskalender und Anbauplänen. (0651) Von H. Oppel, 112 S., 8 Farbtafeln, 23 s/w-Fotos, 29 Zeichnungen, kart. ●

Mein Kräutergarten rund ums Jahr
Täglich schnittfrisch und gesund würzen. (4192) Von Prof. Dr. G. Lysek, 136 S., 15 Farbtafeln, 91 Zeichnungen, kart. ●●

Selbstversorgung aus dem eigenen Anbau
Reichen Erntesegen verwerten und haltbar machen. (4182) Von M. Bustorf-Hirsch, M. Hirsch, 216 S., 270 Zeichn., Pappband. ●●●

Der richtige Schnitt von Obst- und Ziergehölzen, Rosen und Hecken
(0619) Von E. Zettl, 88 S., 8 Farbtafeln, 39 Zeichnungen, 21 s/w-Fotos, kart. ●

Erfolgstips für den Ziergarten
Schmuckpflanzen und Rasen richtig pflegen. (0930) Von F. Mühl, 156 S., 12 Farbtafeln, 26 s/w-Zeichnungen, kart. ●●

Erfolgreich gärtnern mit
Frühbeet und Folie
(0828) Von Dr. Gustav Schoser, 88 S., 8 Farbtafeln, 46 s/w-Fotos, kart. ●

Das Bio-Gartenjahr
Arbeitsplan für naturgemäßes Gärtnern. (4169) Von N. Jorek, 128 S., 8 Farbtafeln, 70 s/w-Abb., kart. ●●

Erfolgreich gärtnern
durch naturgemäßen Anbau (4252) Von I. Gabriel, 416 S., 176 Farbfotos, 212 Farbzeichnungen, Pappband. ●●●

Leben im Naturgarten
Der Biogärtner und seine gesunde Umwelt. (4124) Von N. Jorek, 128 S., 68 s/w-Fotos, kart. ●●

Aktion Garten ohne Gift
Gesunde Umwelt durch natürlichen Pflanzenschutz
Ein Praxis-Handbuch von E. Hoplitschek u. B.M. Tegethoff. (4425) 176 S., 250 Farbfotos, 36 Farb- und 29 s/w-Zeichn., Pbd. ●●●

So wird mein Garten zum Biogarten
Alles über die Umstellung auf naturgemäßen Anbau. (0706) Von I. Gabriel, 128 S., 73 Farbfotos, 54 Farbzeichnungen, kart. ●●

Neuanlage eines Biogartens
Planung, Bodenvorbereitung, Gestaltung. (0721) Von I. Gabriel, 128 S., 73 Farbfotos, 39 Zeichnungen, kart. ●●

Gesunde Pflanzen im Biogarten
Biologische Maßnahmen bei Schädlingsbefall und Pflanzenkrankheiten. (0707) Von I. Gabriel, 128 S., 126 Farbfotos, kart. ●●

Obst und Beeren im Biogarten
Gesunde und schmackhafte Früchte durch natürlichen Anbau. (0780) Von I. Gabriel, 128 S., 109 Farbabb., kart. ●●

Gemüse im Biogarten
Gesunde Ernte durch natürlichen Anbau (0830) Von I. Gabriel, 128 S., 26 Farbfotos, 86 Farbzeichnungen, kart. ●●

Kräuter und Heilpflanzen im Biogarten
Gesunde Ernte durch natürlichen Anbau. (0929) Von I. Gabriel, 112 S., 63 Farbfotos, 19 Farbzeichnungen, kart. ●●

Der biologische Zier- und Wohngarten
Planen, Vorbereiten, Bepflanzen und Pflegen. (0748) Von I. Gabriel, 128 S., 72 Farbfotos, 46 Farbzeichnungen, kart. ●●

Kosmische Einflüsse auf unsere Gartenpflanzen
Sterne beeinflussen Wachstum und Gesundheit der Pflanzen. (0708) Von I. Gabriel, 112 S., 100 Farbabb., kart. ●●

Der Biogarten unter Glas und Folie
Ganzjährig erfolgreich ernten. (0722) Von I. Gabriel, 128 S., 107 Farbabb., kart. ●●

Speisepilze aus eigener Zucht
Anbau · Pflege · Zubereitung (0909) Von U. Groos, 72 S., 8 Farbtafeln, 16 s/w-Zeichnungen, kart. ●

Falken-Handbuch **Pilze**
Mit über 250 Farbfotos und Rezepten. (4061) Von M. Knoop, 276 S., 250 Farbfotos, Pappband. ●●●●

Blütenpracht auf Balkon und Terrasse
(0928) Von M. Haberer, 88 S., 139 Farbfotos, kart. ●●

Gemüse, Kräuter, Obst aus dem Balkongarten
- Erfolgreich ernten auf kleinstem Raum. (0694) Von S. Stein, 32 S., 34 Farbfotos, 6 Zeichnungen, Spiralbindung, kart. ●

Das offizielle BUGA-Buch
Kleingärten
Planen · Anlegen · Pflegen
(1015) Von H. Jantra, 88 S., 123 Farbfotos, 1 s/w-Foto, 14 Farbzeichnungen, kart. ●●

Das offizielle BUGA-Buch
Reihenhausgärten
Planen · Anlegen · Pflegen
(1016) Von H. Jantra, 104 S., 134 Farbfotos, 45 Farbzeichnungen, kart. ●●

Gartenteiche und Wasserspiele
planen, anlegen und pflegen
(4083) Von H. Sikora, 31 Farb- und 31 s/w-Fotos, 73 Zeichnungen, Pappband. ●●●

Wasser im Garten
Von der Vogeltränke zum Naturteich - Natürliche Lebensräume selbst gestalten. (4230) Von H. Hendel, P. Keßeler, 240 S., 315 Farbabb., 11 s/w-Fotos, Pappband. ●●●●●

Mein kleiner Gartenteich
planen – anlegen – pflegen
(0851) Von I. Polaschek, 144 S., 108 Farbabb., 6 s/w-Zeichnungen, kart. ●●

Häuser in lebendigem Grün
Fassaden und Dächer mit Pflanzen gestalten. (0846) Von U. Mehl, K. Werk, 88 S., 116 Farbfotos, 4 Farb-und 17 s/w-Zeichn., kart. ●●

Wintergärten
Das Erlebnis, mit der Natur zu wohnen. Planen, Bauen und Gestalten. (4256) Von LOG ID, 136 S., 130 Farbfotos, 107 Zeichnungen, Pappband. ●●●●

Rund ums Jahr erfolgreich gärtnern
Gewächshäuser
planen · bauen · einrichten · nutzen. (4408) Von Dr. G. Schoser, J. Wolff, 232 S., 368 Farbabb., 5 s/w-Fotos, Pappband. ●●●●●

Ziergräser
Über 100 Arten erfolgreich kultivieren. (0829) Von H. Jantra, 104 S., 73 Farbfotos, 6 Farbzeichnungen, kart. ●●

Das moderne Handbuch
Zimmerpflanzen
(4416) Von H. Jantra, 304 S., 766 Farbfotos, 64 Farb-und 19 s/w-Zeichn., Pappband. ●●●●

365 Erfolgstips für schöne Zimmerpflanzen
(0893) Von H. Jantra, 144 S., 215 Farbfotos, kart. ●●

Prof. Stelzers grüne Sprechstunde
Gesunde Zimmerpflanzen
Krankheiten erkennen und behandeln · Mit neuem Diagnosesystem. (4274) Von Prof. Dr. G. Stelzer, 192 S., 410 Farbfotos, 10 s/w-Zeichnungen, Pappband. ●●●●

Biologisch zimmergärtnern
Zier- und Nutzpflanzen natürlich pflegen. (4144) Von N. Jorek, 152 S., 15 Farbtafeln, 120 s/w-Fotos, Pappband. ●●

Videokassette
Pflanzenjournal
Blumen- und Pflanzenpflege im Jahreslauf. (6036) VHS, 30 Min., in Farbe, mit Begleitheft. ●●●●*

Die hier vorgestellten Bücher, Videokassetten und Software sind in folgende Preisgruppen unterteilt:

● Preisgruppe bis DM 10,–/S 79,–/Fr.10
●● Preisgruppe über DM 10,– bis DM 20,– S 80,– bis S 160,– Fr. 10,– bis Fr. 18,70
●●● Preisgruppe über DM 20,– bis DM 30,– S 161,– bis S 240,– Fr. 18,70 bis Fr. 27,70
●●●● Preisgruppe über DM 30,– bis DM 50,– S 241,– bis S 400,– Fr. 27,70 bis Fr. 46,–
●●●●● Preisgruppe über DM 50,–/S 401,–/Fr.46,–
*(unverbindliche Preisempfehlung)

Die Preise entsprechen dem Status beim Druck dieses Verzeichnisses (s. Seite 1) – Änderungen, im besonderen der Preise, vorbehalten –

Hydrokultur
Pflanzen ohne Erde - mühelos gepflegt
(0944) Von H.-A. Rotter, 144 S., 167 Farbfotos, 13 Farbzeichnungen, kart. ●●

Zimmerpflanzen in Hydrokultur
Leitfaden für problemlose Blumenpflege.
(0660) Von H.-A. Rotter, 32 S., 76 Farbfotos, 8 farbige Zeichn., Pappband. ●

Bonsai
Japanische Miniaturbäume und Miniaturlandschaften. Anzucht, Gestaltung und Pflege. (4091) Von B. Lesniewicz, 160 S., 106 Farbfotos, 46 s/w-Fotos, 115 Zeichnungen, gebunden. ●●●●●

Keime, Sprossen, Küchenkräuter
am Fenster ziehen - rund ums Jahr.
(0658) Von F. und H. Jantzen, 32 S., 55 Farbfotos, Pappband. ●

Falken-Handbuch **Orchideen**
Lebensraum, Kultur, Anzucht und Pflege.
(4231) Von G. Schoser, 144 S., 121 Farbfotos, 28 Farbzeichnungen, Pappband. ●●●

Fibel für Kakteenfreunde
(0199) Von H. Herold, 102 S., 23 Farbfotos, 37 s/w-Abb., kart. ●

Kakteen und andere Sukkulenten
300 Arten mit über 500 Farbfotos.
(4116) Von G. Andersohn, 316 S., 520 Farbfotos, 193 Zeichnungen, Pappband. ●●●●

Grzimek Juniors
BUNTE TIERWELT
(4295) Von Chr. Grzimek, 208 S., 308 Farbfotos, Pappband. ●●●

Falken-Handbuch **Hunde**
(4118) Von H. Bielfeld, 176 S., 222 Farb- und 73 s/w-Abb., Pappband. ●●●●

Das neue Hundebuch
Rassen · Aufzucht · Pflege.
(0009) Von W. Busack, überarbeitet von Dr. med. vet. A. H. Hacker und H. Bielfeld, 112 S., 8 Farbt., 27 s/w-Fotos, 6 Zeichn., kart. ●

Dackel, Teckel, Dachshund
Aufzucht · Pflege · Ausbildung.
(0508) Von M. Wein-Gysae, 112 S., 4 Farbtafeln, 43 s/w-Fotos, 2 Zeichnungen, kart. ●

Falken-Handbuch
Der Deutsche Schäferhund
(4077) Von U. Förster, 228 S., 160 Abb., Pappband.●●●

Hundeausbildung
Verhalten - Gehorsam - Ausbildung.
(0346) Von Prof. Dr. R. Menzel, 88 S., 19 Fotos, kart. ●

Grundausbildung für Gebrauchshunde
Schäferhund, Boxer, Rottweiler, Dobermann, Riesenschnauzer, Airedaleterrier, Hovawart und Bouvier. (0801) Von M. Schmidt und W. Koch, 104 S., 8 Farbtafeln, 51 s/w-Fotos, 5 s/w-Zeichnungen, kart. ●

Der Deutsche Schäferhund
Aufzucht, Pflege und Ausbildung. (0073) Von A. Hacker, 104 S., 56 Abb., kart. ●

Alles über junge Hunde
(0863) Von Dr. med. vet. E.M. Bartenschlager, 64 S., 49 Farbfotos, 6 Zeichnungen, kart. ●

Richtige Hundeernährung
(0811) Von Dr. med. vet. E.M. Bartenschlager, 80 S., 51 Farbfotos, 4 Farbzeichn., kart. ●

Hundekrankheiten
Erkennung und Behandlung, Steuerung des Sexualverhaltens. (0570) Von Dr. med.vet. R. Spangenberg, 128 S., 68 s/w- Fotos, 10 Zeichnungen, kart. ●

Falken-Handbuch **Katzen**
(4158) Von B. Gerber, 176 S., 294 Farb- und 88 s/w-Fotos, Pappband. ●●●●

Das neue Katzenbuch
Rassen · Aufzucht · Pflege. (0427) Von B. Eilert-Overbeck, 120 S., 14 Farbfotos, 26 s/w-Fotos, kart. ●

Katzenkrankheiten
Erkennung und Behandlung. Steuerung des Sexualverhaltens. (0652) Von Dr. med. vet. R. Spangenberg. 176 S., 64 s/w- Fotos, 4 Zeichnungen, kart. ●

Junge Katzen
(0862) Von Dr. med. vet. E.M. Bartenschlager, 72 S., 40 Farbf., 4 Farbzeichn., kart. ●

Falken-Handbuch **Pferde**
(4186) Von H. Werner, 176 S., 196 Farb- und 50 s/w-Fotos, 100 Zeichn., Pappband. ●●●●

Der Hobby-Imker
(0978) Von Dr. R.F.A. Moritz, 144 S., 106 zweifarbige Zeichnungen, kart. ●●

Geflügelhaltung als Hobby
(0749) Von M. Baumeister, H. Meyer, 184 S., 8 Farbtafeln, 47 s/w-Fotos, 15 Zeichnungen, kart. ●●

Vogelhäuschen, Nistkästen, Vogeltränken
mit Plänen und Anleitungen zum Selbstbau.
(0695) Von J. Zech, 32 S., 42 Farbfotos, 6 Zeichnungen, Pappband. ●

Sittiche und kleine Papageien
(0864) Von Dr. med. vet. E.M. Bartenschlager, 88 S., 84 Farbfotos, 9 Zeichnungen, kart. ●

Papageien und Sittiche
Arten · Pflege · Sprechunterricht
(0591) Von H. Bielfeld, 112 S., 8 Farbtafeln, kart. ●

Falken-Handbuch **Süßwasser-Aquarium**
(4191) Von H. J. Mayland, 288 S., 564 Farbfotos, 75 Zeichnungen, Pappband. ●●●●

Das Süßwasser-Aquarium
Einrichtung · Pflege · Fische · Pflanzen
(0153) Von H. J. Mayland, 152 S., 16 Farbtafeln, 43 s/w-Zeichnungen, kart. ●●

Tiere im Wassergarten
(0808) Von Dr. med. vet. E.M. Bartenschlager, 96 S., 84 Farbf., 7 Zeichn., kart. ●

Alles über Meerschweinchen
(0809) Von Dr. med. vet. E.M. Bartenschlager, 72 S., 43 Farbf., 11 Farbzeichn., kart. ●

Alle über Igel in Natur und Haus
(0810) Von Dr. med. vet. E.M. Bartenschlager, 68 S., 51 Farbfotos, kart. ●

Falken-Handbuch **Umweltschutz**
Das Öko-Testbuch zur Eigeninitiative.
(4160) Von M. Häfner, 352 S., 411 Farbf., 152 Farbzeichnungen, Pappband. ●●●●

Vom Urkrümel zum Atompilz
Evolution - Ursache und Ausweg aus der Krise. (4181) Von J. Voigt, 183 S., 20 Farb- und 70 s/w-Fotos, 32 Zeichnungen, kart. ●●

Rat und Wissen

Haushaltstips von A bis Z
(0759) Von A. Eder, 80 S., 30 Zeichn., kart. ●

Umgangsformen heute
Die Empfehlungen des Fachausschusses für Umgangsformen (4015) 252 S., 108 s/w-Fotos, 17 Zeichnungen, Pappband. ●●●

Benehmen bei Tisch
(0988) Von I. Cording, 80 S., 90 Farbfotos, 5 s/w-Zeichnungen, kart. ●●

Videokassette
Körpersprache
verstehen und deuten
(6046) VHS, 60 Min., in Farbe, mit Begleitheft. ●●●●●*

Bauernregeln, Bauernweisheiten, Bauernsprüche
(4243) Von G. Haddenbach, 192 S., 62 Farbabb. 9 s/w-Fotos, 144 s/w-Zeichnungen, Pappband. ●●●

Familienforschung · Ahnentafel · Wappenkunde
Wege zur eigenen Familienchronik.
(0744) Von P. Bahn, 128 S., 8 Farbtafeln, 30 Abbildungen, kart. ●●

Wie soll es heißen?
(0211) Von D. Köhr, 136 S., kart. ●

Die Silberhochzeit
Vorbereitung · Einladung · Geschenkvorschläge · Dekoration · Festablauf · Menüs · Reden · Glückwünsche. (0542) Von K.F. Merkle, 112 S., 41 Zeichnungen kart. ●

Wir feiern Hochzeit
Festgestaltung - phantasievoll und modern.
(0943) Von H.J. Winkler, 120 S., kart. ●

Wir heiraten
Ratgeber zur Vorbereitung und Festgestaltung der Verlobung und Hochzeit. (4188) Von C. Poensgen, 216 S., 8 s/w-Fotos, 30 s/w-Zeichn., 8 Farbt., Pappband. ●●●

Von der Verlobung zur Goldenen Hochzeit
(0393) Von E. Ruge, 112 S., kart. ●

Hochzeits- und Bierzeitungen
Muster, Tips und Anregungen. (0288) Von H.-J. Winkler, mit vielen Text- und Gestaltungsanregungen, 116 S., 15 Abb., 1 Musterzeitung, kart. ●

Neues Denken - alte Geister
New Age unter der Lupe. (4278) Von G. Myrell, Dr. W. Schmandt, J. Voigt, 176 S., 54 Farbfotos, 3 Zeichnungen kart. ●●

Moderne Korrespondenz
Handbuch für erfolgreiche Briefe.
(4014) Von H. Kirst und W. Manekeller, 544 S., Pappband. ●●●●

Der richtige Brief
zu jedem Anlaß
Das moderne Handbuch mit 400 Musterbriefen
(4179) Von H. Kirst, 376 S., Pappband. ●●●

Musterbriefe
für alle Gelegenheiten. (0231) Hrsg. von O. Fuhrmann, 240 S., kart. ●

Die hier vorgestellten Bücher, Videokassetten und Software sind in folgende Preisgruppen unterteilt:

● Preisgruppe bis DM 10,–/S 79,–/Fr.10
●● Preisgruppe über DM 10,– bis DM 20,– S 80,– bis S 160,– Fr. 10,– bis Fr. 18,70
●●● Preisgruppe über DM 20,– bis DM 30,– S 161,– bis S 240,– Fr. 18,70 bis Fr. 27,70
●●●● Preisgruppe über DM 30,– bis DM 50,– S 241,– bis S 400,– Fr. 27,70 bis Fr. 46,–
●●●●● Preisgruppe über DM 50,–/S 401,–/Fr.46,–
*(unverbindliche Preisempfehlung)

Die Preise entsprechen dem Status beim Druck dieses Verzeichnisses (s. Seite 1) – Änderungen, im besonderen der Preise vorbehalten –

Falken-Verlag GmbH · Postfach 1120 FALKEN D-6272 Niedernhausen/Ts. · Tel.: 06127/7020

Privatbriefe
Muster für alle Gelegenheiten. (0114) Von I. Wolter-Rosendorf, 112 S., kart. ●

Der neue Briefsteller
Musterbriefe für alle Gelegenheiten. (0060) Von I. Wolter-Rosendorf, 96 S., kart. ●

Erfolgstips für den Schriftverkehr
Briefgestaltung · Rechtschreibung · Zeichensetzung · Stil. (0678) Von U. Schoenwald, 112 S., kart. ●

Geschäftliche Briefe
des Privatmanns, Handwerkers, Kaufmanns. (0041) Von A. Römer, 124 S., kart.●

Behördenkorrespondenz
Musterbriefe · Anträge · Einsprüche. (0412) Von E. Ruge, 112 S., kart.●

Worte und Briefe der Anteilnahme
(0464) Von E. Ruge, 96 S., mit vielen Abb., kart. ●

Briefe zu Geburt und Taufe
Glückwünsche und Danksagungen. (0802) Von H. Beitz, 96 S., 12 Zeichnungen, kart. ●

Briefe zum Geburtstag
Glückwünsche und Danksagungen. (0822) Von H. Beitz, 104 S., 22 Zeichnungen, kart. ●

Briefe der Liebe
Anregungen für gefühlvolle und zärtliche Worte. (0903) Hrsg. von H. Beitz, 96 S., 4 Zeichnungen, kart. ●

Briefe zur Hochzeit
Glückwünsche und Danksagungen (0852) Von R. Röngen, 96 S., 1 Zeichnung, 39 Vignetten, kart. ●

Reden und Ansprachen
für jeden Anlaß. (4009) Hrsg. von F. Sicker, 454 S., gebunden. ●●●●

Die Kunst der freien Rede
Ein Intensivkurs mit vielen Übungen, Beispielen und Lösungen.
(4189) Von G. Hirsch, 232 S., 11 Zeichnungen, Pappband. ●●●

Die überzeugende Rede
Mehr Erfolg durch bessere Rhetorik. (0076) Von K. Wolter, G. Kunz, 80 S., kart. ●

Festreden und Vereinsreden
Muster für alle Gelegenheiten.
(0069) Von K. Lehnhoff, E. Ruge, 96 S., kart. ●

Trinksprüche, Gästebuchverse, Richtsprüche
(0224) Von D. Kellermann, 96 S., kart. ●

Trinksprüche
Fest- und Damenreden in Reimen.
(0791) Von L. Metzner, 88 S., 14 s/w-Zeichnungen, kart. ●

Glückwünsche, Toasts und Festreden zur Hochzeit
(0264) Von I. Wolter, 112 S., 18 Zeichnungen, kart. ●

Reden zur Taufe, Kommunion und Konfirmation
(0751) Von G. Georg, 96 S., kart. ●

Reden zur Hochzeit
Musteransprachen für Hochzeitstage.
(0654) Von G. Georg, 112 S., kart. ●

Reden zu Familienfesten
Muteransprachen für viele Gelegenheiten.
(0675) Von G. Georg, 112 S., kart. ●

Reden zum Geburtstag
Musteransprachen für familiäre und offizielle Anlässe. (0773) Von G. Georg, 96 S., kart. ●

Reden im Verein
Musteransprachen für viele Gelegenheiten. (0703) Von G. Georg, 112 S., kart. ●

Reden zum Jubiläum
Musteransprachen für viele Gelegenheiten. (0595) Von G. Georg, 112 S., kart. ●

Reden und Sprüche zu Grundsteinlegung, Richtfest und Einzug
(0598) Von A. Bruder, G. Georg, 96 S., kart. ●

Reden zum Ruhestand
Musteransprachen zum Abschluß des Berufslebens (0790) Von G. Georg, 104 S., kart. ●

Reden in Trauerfällen
Musteransprachen für Beerdigungen und Trauerfeiern (0736) Von G. Georg, 104 S., kart. ●

Neue Glückwunschfibel
für groß und klein. (0156) Von R. Christian-Hildebrandt, 96 S., 13 Vignetten, kart. ●

Großes Buch der Glückwünsche
(0255) Hrsg. von O. Fuhrmann, 176 S., 77 Zeichnungen und viele Gestaltungsvorschläge, kart. ●

Herzliche Glückwünsche!
Die schönsten Gedichte und Texte für viele Gelegenheiten. (0942) Hrsg. Von B.H. Bull, 256 S., 50 Zeichnungen, Pappband. ●●

Der Verseschmied
Kleiner Leitfaden für Hobbydichter. Mit Reimlexikon. (0597) Von T. Parisius, 96 S., 28 Zeichnungen, kart. ●

Verse fürs Poesiealbum
(0241) Von I. Wolter, 96 S., 20 Abb., kart. ●

Rosen, Tulpen, Nelken ...
Beliebte Verse fürs Poesiealbum
(0431) Von W. Pröve, 96 S., 11 Faksimile-Abb., kart. ●

Kindergedichte zur grünen, silbernen und goldenen Hochzeit
(0318) Von H.-J. Winkler, 104 S., 20 Abb., kart. ●

Glückwunschverse für Kinder
(0277) Von B. Ulrici, 80 S., kart. ●

Kindergedichte für Familienfeste
(0860) Von B.H. Bull, 96 S., 20 Zeichnungen, kart. ●

Ins Gästebuch geschrieben
(0576) Von K.H. Trabeck, 96 S., 24 Zeichnungen, kart. ●

Komm mit ins Land der Lieder
Das große Buch der Kinder-, Volks- und Chorlieder. (4261) Hrsg. Von H. Rauhe, 176 S., 146 Farbzeichn., Pappband. ●●●

Die schönsten Wander- und Fahrtenlieder
(0462) Hrsg. Von F.R. Miller, empfohlen vom Deutschen Sängerbund, 80 S., mit Noten und Zeichnungen, kart. ●

Die schönsten Volkslieder
(0432) Hrsg. Von D. Walther, 128 S., mit Noten und Zeichnungen, kart. ●

Erziehungsgeld, Mutterschutz, Erziehungsurlaub
Alles über das neue Recht für Eltern. Mit den Gesetzestexten. (0835) Von J. Grönert, 144 S., kart. ●●

Scheidung und Unterhalt
nach dem neuen Eherecht. (0403) Von T. Drewes, 112 S., mit Kosten und Unterhaltstabellen, kart. ●

Endlich 18 und nun?
Rechte, Pflichten, Zukunfts-Chancen. (0646) Von R. Rathgeber, 224 S., 27 Zeichnungen, kart. ●●

Was heißt hier minderjährig?
(0765) Von R. Rathgeber, C. Rummel, 148 S., 50 Fotos, 25 Zeichnungen, kart. ●●

Testament und Erbschaft
Erbfolge, Rechte und Pflichten der Erben, Erbschafts-und Schenkungssteuer, Mustertestamente. (4139) Von T. Drewes, R. Hollender, 304 S., Pappband. ●●●

Erbrecht und Testament
Mit Erläuterungen des Erbschaftssteuergesetzes von 1974. (0046) Von Dr. jur. H. Wandrey, 124 S., kart. ●

Der letzte Wille
Ratgeber für Erblasser, Erben und Hinterbliebene in Rechts-, Versorgungs- und Steuerfragen
(0939) Von T. Drewes, 136 S., 9 s/w-Zeichnungen, kart. ●●

Mietrecht
Leitfaden für Mieter und Vermieter. (0479) Von J. Beuthner, 196 S., kart. ●●

Präzise Ratschläge für **Ihre optimale Rente**
Vorbereitung · Berechnungsgrundlagen · Gesetzesänderungen · Individuelle Rechenbeispiele. (0806) Von K. Möcks, 96 S., 24 Formulare, 1 Graphik, kart. ●

Das große farbige Kinderlexikon
(4195) Von U. Kopp, 320 S., 493 Farbabb. 17 s/w-Fotos, Pappband. ●●●

ZDF
Kompaß Jugend-Lexikon
(4096) Von R. Kerler, J. Blum, 336 S., 766 Farbfotos, 39 s/w-Abb., Pbd. ●●●●

Gitarre spielen
Ein Grundkurs für den Selbstunterricht. (0534) Von A. Roßmann, 96 S., 1 Schallfolie, 150 Zeichnungen, kart. ●●●

Maschinenschreiben für Kinder
(0274) Von H. Kaus, 48 S., 17 farbige Abb., kart. ●

So lernt man leicht und schnell
Maschinenschreiben
Lehrbuch für Schulen, Lehrgänge und Selbstunterricht. (0568) Von M. Kempkes, 112 S., 48 Zeichnungen, kart. ●●

Maschinenschreiben
In 10 Tagen spielend gelernt. Von Unterrichtsmedien Hoppius. (7008) Diskette für den C 64 und C 128 PC ●●●●* (7009) für IBM PC + kompatible, ●●●●●* (7010) für Schneider CPC 464, 664, 6128, ●●●●●*

Maschinenschreiben im Selbstunterricht
(0170) Von A. Fonfara, 84 S., kart. ●

Buchführung leicht gemacht
Ein methodischer Grundkurs für den Selbstunterricht. (4238) Von D. Machenheimer, R. Kersten, 252 S., Pappband. ●●●

Buchführung leicht gefaßt
Ein Leitfaden für Handwerker und Gewerbetreibende. (0127) Von R. Pohl. 104 S., kart. ●

Die hier vorgestellten Bücher, Videokassetten und Software sind in folgende Preisgruppen unterteilt:

● Preisgruppe bis DM 10,–/S 79,–/Fr.10
●● Preisgruppe über DM 10,– bis DM 20,– S 80,– bis S 160,– Fr. 10,– bis Fr. 18,70
●●● Preisgruppe über DM 20,– bis DM 30,– S 161,– bis S 240,– Fr. 18,70 bis Fr. 27,70
●●●● Preisgruppe über DM 30,– bis DM 50,– S 241,– bis S 400,– Fr. 27,70 bis Fr. 46,–
●●●●● Preisgruppe über DM 50,–/S 401,–/Fr.46,–
*(unverbindliche Preisempfehlung)

Die Preise entsprechen dem Status beim Druck dieses Verzeichnisses (s. Seite 1) – Änderungen, im besonderen der Preise, vorbehalten –

Falken-Verlag GmbH · Postfach 1120 FALKEN D-6272 Niedernhausen/Ts. · Tel.: 06127/7020

Stenografie leicht gelernt
im Kursus oder Selbstunterricht.
(0266) Von H. Kaus, 64 S., kart. ●

Erfolgreiche Bewerbung um einen Ausbildungsplatz
(0715) Von H. Friedrich, 136 S., kart. ●

Die Bewerbung
Der moderne Ratgeber für Bewerbungsbriefe, Lebenslauf und Vorstellungsgespräche. (4138) Von W. Manekeller, 264 S., Pappband. ●●

Lebenslauf und Bewerbung
Beispiele für Inhalt, Form und Aufbau.
(0428) Von H. Friedrich, 112 S., kart. ●

Die erfolgreiche Bewerbung
Bewerbung und Vorstellung. (0173) Von W. Manekeller, 156 S., kart. ●

Erfolgreiche Bewerbungsbriefe und Bewerbungsformen
(0138) Von W. Manekeller, U. Schoenwald, 88 S., kart. ●

Vorstellungsgespräche
sicher und erfolgreich führen. (0636) Von H. Friedrich, 144 S., kart. ●

Keine Angst vor Einstellungstests
Ein Ratgeber für Bewerber. (0793) Von Ch. Titze. 120 S., 67 Zeichnungen, kart. ●

FALKEN-Software
Einstellungstests
(7013) Von B. Hoppius, Wendediskette für C 64/C 128 PC, mit Begleitheft, ●●●●*

Die ersten Tage am neuen Arbeitsplatz
Ratschläge für den richtigen Umgang mit Kollegen und Vorgesetzten
(0855) Von H. Friedrich, 104 S., kart. ●

Zeugnisse im Beruf
richtig schreiben, richtig verstehen.
(0544) Von H. Friedrich, 112 S., kart. ●

Erfolgreiche Kaufmannspraxis
Wirtschaftliche Grundlagen, Geld, Kreditwesen, Steuern, Betriebsführung, Recht, EDV. (4046) Von W. Göhler, H. Gölz, M. Heibel, Dr. D. Machenheimer, 544 S., gebunden. ●●●●

So werde ich erfolgreich
Ratschläge und Tips für Beruf und Privatleben. (0918) Von H. Hans, 104 S., kart. ●●

Wege zum Börsenerfolg
Aktien · Anleihen · Optionen
(4275) Von H. Krause, 252 S., 4 s/w-Fotos, 86 Zeichnungen, Pappband. ●●●

FALKEN-Software
Börsenfieber
Spielend spekulieren mit Geld und Aktien (7016) IBM PC und Kompatible, Diskette 51/4'', mit Begleitheft, ●●●●●*

Schülerlexikon der Mathematik
Formeln, Übungen und Begriffserklärungen für die Klassen 5–10. (0430) Von R. Müller, 176 S., 96 Zeichnungen, kart. ●

Mathematik verständlich
Zahlenbereiche Mengenlehre, Algebra, Geometrie, Wahrscheinlichkeitsrechnung, Kaufmännisches Rechnen. (4135) Von R. Müller, 652 S., 10 s/w- und 109 Farbfotos, 802 farbige und 79 s/w-Zeichnungen, über 2500 Beispiele und Übungen mit Lösungen, Pappband. ●●●●●

Mehr Erfolg in der Schule
Mathematik 1
Arithmetik und Algebra
Übungen, Beispiele und Lösungen für die Klasse 5 bis 10
(4420) Von R. Müller-Fonfara, 256 S., 193 Zeichn., 2 s/w-Fotos, Pappband. ●●●

Mathematische Formeln für Schule und Beruf
Mit Beispielen und Erklärungen. (0499) Von R. Müller-Fonfara, 156 S., 210 Zeichnungen, kart. ●

Rechnen aufgefrischt
für Schule und Beruf. (0100) Von H. Rausch, 144 S., kart. ●

Physik verständlich
Förderkurs für die Klassen 7 bis 10
(0926) Von Dr. Th. Neubert, 136 S., 146 s/w-Zeichnungen, 166 Aufgaben, kart. ●●

Richtige Groß- und Kleinschreibung
durch neue, vereinfachte Regeln. Erläuterungen der Zweifelsfragen anhand vieler Beispiele. (0897) Von Prof. Dr. Ch. Stetter, 96 S., kart. ●

Deutsche Grammatik
Ein Lern- und Übungsbuch. (0704) Von K. Schreiner, 112 S., kart. ●

Mehr Erfolg in der Schule
Deutsche Rechtschreibung und Grammatik
Übungen und Beispiele für die Klassen 5–10. (4407) Von K. Schreiner, 256 S., durchgehend zweifarbig, Pappband. ●●●

Richtiges Deutsch
Rechtschreibung · Zeichensetzung · Grammatik · Stilkunde. (0551) Von K. Schreiner, 128 S., 7 Zeichnungen, kart. ●

Mehr Erfolg in der Schule
Der Deutschaufsatz
Übungen und Beispiele für die Klassen 5–10. (4271) Von K. Schreiner, 240 S., 4 s/w-Fotos, 51 Zeichnungen, Pappband. ●●●

Aufsätze besser schreiben
Förderkurs für die Klassen 4–10. (0429) Von K. Schreiner, 144 S., 4 s/w-Fotos, 27 Zeichnungen, kart. ●

Mehr Erfolg in Schule und Beruf
Besseres Deutsch
Mit Übungen und Beispielen für Rechtschreibung, Diktate, Zeichensetzung, Aufsätze, Grammatik, Literaturbetrachtung, Stil, Briefe, Fremdwörter, Reden. (4115) Von K. Schreiner, 444 S., 7 s/w-Fotos, 27 Zeichnungen, Pappband. ●●●

Richtige Zeichensetzung
durch neue, vereinfachte Regeln. Erläuterungen der Zweifelsfragen anhand vieler Beispiele. (0744) Von Prof. Dr. Ch. Stetter, 160 S., kart. ●

Diktate besser schreiben
Übungen zur Rechtschreibung für die Klasse 4–8. (0469) Von K. Schreiner, 152 S., 31 Zeichnungen, kart. ●

Besseres Englisch
Grammatik und Übungen für die Klassen 5 bis 10. (0745) Von E. Henrichs, 144 S., kart. ●●

FALKEN-Software
The Grammar-Master
Englische Grammatik üben und beherrschen. (7002) Diskette für den C 64/C 128 PC ●●●●*

FALKEN-Software
Take a Trip to Britain
(7004) Von reLine, Diskette für C 64/C 128 PC, mit Begleitheft. ●●●●*

FALKEN-Software
Vokabeltrainer Englisch
Von B. Hoppius. (7001) 2 Disketten für C 64/C 128 PC, mit Begleitheft. ●●●●●*
(7007) Wendediskette für Atari ST 520/1040, mit Begleitheft. ●●●●●*

Schnell und sicher zum Führerschein
Tips und Tricks aus 30jähriger-Fahrschul-Praxis. (0921) Von O. Einert, 152 S., 156 Farbfotos, 161 z.T. farb. Zeichnungen, kart. ●●

FALKEN-Software
Schnell und sicher zum Führerschein
Intensivtraining mit dem amtlichen Fragenkatalog
(7011) Diskette für C 64/C 128 PC, mit Begleitheft und Fragenkatalog. ●●●●●*

Videokassette
Gesund durch Gedankenenergie
Heilung im gemeinsamen Kraftfeld
(6035) VHS, 45 Min., in Farbe ●●●●●*

Die neue Lebenshilfe **Biorhythmik**
Höhen und Tiefen der persönlichen Lebenskurven vorausberechnen und danach handeln. (0458) Von W. A. Appel, 157 S., 63 Zeichnungen, Pappband. ●●

Die neuen Erkenntnisse zum Biorhythmus
Individuelle Rhythmogramme für Berufserfolg und Gesundheit, Partnerschaft und Freizeit, Beilage: Tagesformplaner.
(4276) Von H. Bott, 144 S., 35 s/w-Zeichnungen, Pappband. ●●●

So deutet man Träume
Die Bildersprache des Unbewußten. (0444) Von G. Haddenbach, 120 S., kart. ●

Wie Sie im Schlaf das Leben meistern
Schöpferisch träumen
Der Klartraum als Lebenshilfe.
(4258) Von Prof. D. P. Tholey, K. Utecht. 256 S., 1 s/w-Foto, 20 Zeichn., Pbd. ●●●

Frauenträume – Männerträume
und ihre Bedeutung (4198) Von G. Senger, 272 S., mit Traumlexikon, Pappband. ●●●

Falken-Handbuch **Astrologie**
Charakterkunde · Schicksal · Liebe und Beruf · Berechnung und Deutung von Horoskopen · Aszendenttabelle. (4068) Von B.A. Mertz, 342 S., mit 60 erläuternden Grafiken, Pappband. ●●●

Die Magie der Zahlen
So nutzen Sie die Geheimnisse der Numerologie für ihr persönliches Glück mit dem völlig neuen Planetennumeroskop
(4242) Von B.A. Mertz, 224 S., 36 Abbildungen, Pappband. ●●●

I Ging der Liebe
Das altchinesische Orakel für Partnerschaft und Ehe. (4244) Von G. Damian-Knight, 320 S., 64 s/w-Zeichn., Pappband. ●●●

Wahrsagen mit Tarot-Karten
(0482) Von E.J. Nigg, 112 S., 4 Farbtafeln, 52 s/w-Abb., Pappband. ●●

Falken-Handbuch **Kartenlegen**
Wahrsagen mit Tarot-, Skat-, Lenormand- und Zigeunerblättern.
(4226) Von B.A. Mertz, 288 S., 38 Farb- und 108 s/w-Abb. Pappband. ●●●●

Die hier vorgestellten Bücher, Videokassetten und Software sind in folgende Preisgruppen unterteilt:

● Preisgruppe bis DM 10,–/S 79,–/Fr.10
●● Preisgruppe über DM 10,– bis DM 20,– S 80,– bis S 160,– Fr. 10,– bis Fr. 18,70
●●● Preisgruppe über DM 20,– bis DM 30,– S 161,– bis S 240,– Fr. 18,70 bis Fr. 27,70
●●●● Preisgruppe über DM 30,– bis DM 50,– S 241,– bis S 400,– Fr. 27 70 bis Fr. 46,–
●●●●● Preisgruppe über DM 50,–/S 401,–/Fr.46,–
*(unverbindliche Preisempfehlung)

Die Preise entsprechen dem Status beim Druck dieses Verzeichnisses (s. Seite 1) – Änderungen, im besonderen der Preise, vorbehalten –

Weissagen, Hellsehen, Kartenlegen ...
Wie jeder die geheimen Kräfte ergründen und für sich nutzen kann. (4153) Von G. Haddenbach, 192 S., 40 Zeichnungen, Pappband. ●●

Selbst Wahrsagen mit Karten
Die Zukunft in Liebe, Beruf und Finanzen. (0404) Von R. Koch, 80 S., 252 Abb., Pappband. ●●

Was sagt uns das Horoskop?
Praktische Einführung in die Astrologie. (0655) Von B.A. Mertz, 176 S., 25 Zeichnungen, kart. ●

Die 12 Tierzeichen im chinesischen Horoskop
(0423) Von G. Haddenbach, 128 S., Pappband. ●

Aztekenhoroskop
Deutung von Liebe und Schicksal nach dem Aztekenkalender. (0543) Von C.-M. und R. Kerler, 160 S., 20 Zeichnungen, Pappband. ●

Das Super-Horoskop
Der neue Weg zur Deutung von Charkter, Liebe und Schicksal nach chinesischer und abendländischer Astrologie. (0465) Von G. Haddenbach, 175 S., kart. ●

Die 12 Sternzeichen
Charakter, Liebe und Schicksal. (0385) Von G. Haddenbach, 160 S., Pappband. ●●

Liebeshoroskop für die 12 Sternzeichen
Alles über Chancen, Beziehungen, Erotik, Zärtlichkeit, Leidenschaft. (0587) Von G. Haddenbach, 144 S., 11 Zeichnungen, kart. ●

Sternstunden
für Liebe, Glück und Geld, Berufserfolg und Gesundheit. Das ganz persönliche Mitbringsel für **Widder** (0621), **Stier** (0622), **Zwillinge** (0623), **Krebs** (0624), **Löwe** (0625), **Jungfrau** (0626), **Waage** (0627), **Skorpion** (0628), **Schütze** (0629), **Steinbock** (0630), **Wassermann** (0631), **Fische** (0632) Von L. Cancer, 62 S., durchgehend farbig, Zeichnungen, Pappband. ●

Humor und Unterhaltung

Heitere Vorträge
(0528) Von E. Müller, 128 S., 14 Zeichnungen, kart. ●

Die große Lachparade
Neue Texte für heitere Vorträge und Ansagen. (0188) Von E. Müller, 80 S., kart. ●

So feiert man Feste fröhlicher
Heitere Vorträge und Gedichte. (0098) Von Dr. Allos, 96 S., 15 Abb., kart. ●

Heitere Vorträge und witzige Reden
Lachen, Witz und gute Laune. (0149) Von E. Müller, 104 S., 44 Abb., kart. ●

Vergnügliches Vortragsbuch
(0091) Von J. Plaut, 192 S., kart. ●

Lustige Vorträge für fröhliche Feiern
(0284) Von K. Lehnhoff, 96 S., kart. ●

Da lacht das Publikum
Neue lustige Vorträge für viele Gelegenheiten. (0716) Von H. Schmalenbach, 96 S., kart. ●

Und wieder lacht das Publikum
Neue Vorträge und Sketche (0982) Von H. Schmalenbach, 112 S., kart. ●

Humor und gute Laune
Ein heiteres Vortragsbuch. (0635) Von G. Wagner, 112 S., 5 Zeichnungen, kart. ●

Humor und Stimmung
Ein heiteres Vortragsbuch. (0460) Von G. Wagner, 112 S., kart. ●

Gereimte Vorträge
für Bühne und Bütt. (0567) Von G. Wagner, 96 S., kart. ●

Narren in der Bütt
Leckerbissen aus dem rheinischen Karneval. (0216) Zusammengestellt von T. Lücker, 112 S., kart. ●

Damen in der Bütt
Scherze, Büttenreden, Sketche. (0354) Von T. Müller, 136 S., kart. ●

Rings um den Karneval
Karnevalsscherze und Büttenreden. (0130) Von Dr. Allos, 144 S., 2 Zeichnungen, kart. ●●

Wir feiern Karneval
Festgestaltung und Reden für die närrische Zeit. (0904) Von M. Zweigler, 120 S., 7 Zeichnungen, kart. ●

Helau und Allaf 1
Närrisches aus der Bütt. (0304) Von E. Müller, 112 S., 4 Zeichnungen, kart. ●

Helau und Allaf 2
Neue Büttenreden für Sie und Ihn. (0477) Von E. Luft, 96 S., kart. ●

Helau und Allaf 3
Neue Reden für die Bütt. (0832) Von H. Fauser, 112 S., 13 Zeichnungen, kart. ●

Helau und Alaaf 4
Neue Büttenreden für Sie und Ihn (0983) Hrsg. H. Fauser, 96 S., 15 s/w-Zeichn., zahlreiche Vignetten, kart. ●

Locker vom Hocker
Witzige Sketche zum Nachspielen. (4262) Von W. Giller, 144 S., 41 Zeichnungen, Pappband. ●●

Sketche und Blackouts zum Nachspielen
(0941) Von E. Cohrs, 112 S., 12 Zeichnungen, kart. ●

Sketche und spielbare Witze
für bunte Abende und andere Feste. (0445) Von H. Friedrich, 112 S., 7 Zeichnungen, kart. ●

Sketche
Kurzspiele zu amüsanter Unterhaltung. (0247) Von M. Gering, 132 S., 16 Abb., kart., ●

Vorhang auf!
Neue Sketche für jung und alt. (0898) Von H. Pillau, 96 S., 22 Zeichnungen, kart. ●

Fidele Sketche und heitere Vorträge
Humor zum Nachspielen. (0157) Von H. Ehnle. 96 S., kart. ●

Witzige Sketche zum Nachspielen
(0511) Von D. Hallervorden, 112 S., kart. ●●

Tolle Sketche
mit zündenden Pointen – zum Nachspielen. (0656) Von E. Cohrs, 112 S., kart. ●

Vergnügliche Sketche
(0476) Von H. Pillau, 96 S., 7 Zeichn., kart. ●

Lustige Sketche
Kurze Theaterstücke für Jungen und Mädchen (0669) Von U. Lietz, U. Lange, 96 S., kart. ●

Spielbare Witze für Kinder
(0824) Von H. Schmalenbach, 112 S., 30 Zeichnungen, kart. ●

Phantasievolles Schminken
Verzauberte Gesichter für Maskeraden, Laienspiel und Kinderfeste. (0907) Hrsg. Von Y. u. H. Nadolny, 64 S., 227 Farbf., kart. ●●

Das große Hausbuch des Humors
(4421) Hrsg. Von E. Heinold, R. Kempowski, 512 S., 286 Abbildungen, Pappband. ●●●

Witze
Lachen am laufenden Band (4241) Von J. Burkert, D. Kroppach; 400 S., 41 Zeichnungen, Pappband. ●●

Die besten Witze und Cartoons des Jahres 5
(0642) Hrsg. Von K. Hartmann, 288 S., 88 Zeichnungen, Pappband. ●●

Die besten Witze und Cartoons des Jahres 6
(0916) Hrsg. Von D. Kroppach, 288 S., 84 Zeichnungen, Pappband. ●●

Die besten Witze und Cartoons des Jahres 7
(0986) Von V.K. Stranimaier, L. Spangler, 288 S., 93 Cartoons, Pappband. ●●

Die besten Kalauer
(0705) Von K. Frank, 112 S., 12 Zeichnungen, kart. ●

Fred Metzlers Witze mit Pfiff
(0368) Von F. Metzler, 112 S., kart. ●

Robert Lembkes Witzauslese
(0325) Von Robert Lembke, 160 S., 10 Zeichnungen von E. Köhler, Pappband. ●●

Die besten Beamtenwitze
(0574) Von W. Pröve, 80 S., 39 Zeichnungen, kart. ●

Horror zum Totlachen
Gruselwitze
(0536) Von F. Lautenschläger, 96 S., 44 Zeichnungen, kart. ●

Herrenwitze
(0589) Von G. Wilhelm, 112 S., 31 Zeichnungen, kart. ●

O frivol ist mir am Abend
Pikante Witze von Fred Metzler. (0388) Von F. Metzler, 128 S., mit Karikaturen, kart. ●

Witze am laufenden Band
(0461) Von F. Asmussen, 118 S., kart. ●

Die besten Ostfriesenwitze
(0495) Von O. Freese, 80 S., 15 Zeichnungen, kart. ●

Spaßvögel
Über sexhundert komische Nummern. (0888) Von E. Zeller, mit Limericks Von W. Müller, 220 S., 200 Vignetten, kart. ●

Total bescheuert
Kinder- und Schülerwitze. (0889) Von G. Geßner und E. Zeller, 220 S., 200 Vignetten, kart. ●

Die hier vorgestellten Bücher, Videokassetten und Software sind in folgende Preisgruppen unterteilt:

● Preisgruppe bis DM 10,–/S 79,–/Fr.10
●● Preisgruppe über DM 10,– bis DM 20,– S 80,– bis S 160,– Fr. 10,– bis Fr. 18,70
●●● Preisgruppe über DM 20,– bis DM 30,– S 161,– bis S 240,– Fr. 18,70 bis Fr. 27,70
●●●● Preisgruppe über DM 30,– bis DM 50,– S 241,– bis S 400,– Fr. 27,70 bis Fr. 46,–
●●●●● Preisgruppe über DM 50,–/S 401,–/Fr.46,–
*(unverbindliche Preisempfehlung)

Die Preise entsprechen dem Status beim Druck dieses Verzeichnisses (s. Seite 1) – Änderungen, im besonderen der Preise, vorbehalten –

Heller Wahnwitz
(0887) Von D. Kroppach, 220 S., 200 Vignetten, kart. ●

Die Kleidermotte ernährt sich von nichts, sie frißt nur Löcher
Stilblüten, Sprüche und Widersprüche aus Schule, Zeitung, Rundfunk und Fernsehen. (0738) Von P. Haas, D. Kroppach, 112 S., zahlreiche Abb. kart. ●

Witzig, witzig
(0507) Von E. Müller, 128 S., 16 Zeichnungen, kart. ●

Die besten Kinderwitze
(0757) Von K. Rank, 112 S., 28 Zeichnungen, kart. ●

Ich lach mich kaputt! Die besten Kinderwitze
(0545) Von E. Hannemann, 96 S., 10 Zeichnungen, kart. ●

Lach mit!
Witze für Kinder, gesammelt von Kindern. (0468) Von W. Pröve, 96 S., 17 Zeichnungen, kart. ●

Spiele und Denksport

Kartenspiele
(2001) Von C.D. Grupp, 144 S., kart. ●

Neues Buch der siebzehn und vier Kartenspiele
(0095) Von K. Lichtwitz, 96 S., kart. ●

Alles über Pokern
Regeln und Tricks. (2024) Von C.D. Grupp, 112 S., 29 Kartenbilder, kart. ●

Rommé und Canasta
in allen Variationen. (2025) Von C.D. Grupp, 88 S., 24 Zeichnungen, kart. ●

Schafkopf, Doppelkopf, Binokel, Cego, Tarock und andere Stammtischspiele. (2015) Von C.D. Grupp, 112 S., kart. ●●

Black Jack
Regeln und Strategien des Kasinospiels. (2032) Von K. Kelbratowski, 88 S., kart. ●

Das Skatspiel
Eine Fibel für Anfänger. (0206) Von K. Lehnhoff, 96 S., kart. ●

Spielend Skat lernen
unter freundlicher Mitarbeit des Deutschen Skatverbandes. (2005) Von Th. Krüger, 156 S., 181 s/w-Fotos, 22 Zeichn., kart. ●

Falken-Handbuch **Pátiencen**
Die 111 interessantesten Auslagen. (4151) Von U.v.Lyncker, 216 S., 108 Abbildungen, Pappband. ●●●

Patiencen
in Wort und Bild. (2003) Von I. Wolter-Rosendorf, 120 S., kart. ●

Neue Patiencen
(2036) Von H. Sosna, 160 S., 43 Farbtafeln, kart. ●●

Herausforderung im Bridge
200 Aufgaben mit Lösungen. (2033) Von V. Mollo, 152 S., kart. ●●

Falken-Handbuch **Bridge**
Von den Grundregeln zum Turnierspiel. (4092) Von W. Voigt und K. Ritz, 280 S., 792 Zeichnungen, gebunden. ●●●●

Spielend Bridge lernen
(2012) Von J. Weiss, 96 S., 58 Zeichnungen, kart. ●

Präzisions-Treff im Bridge
(2037) Von E. Jannersten, 152 S., kart. ●●

Spieltechnik im Bridge
(2004) Von V. Mollo und N. Gardener, deutsche Adaption Von D. Schröder, 152 S., kart. ●●

Besser Bridge spielen
Reiztechnik, Spielverlauf und Gegenspiel. (2026) Von J. Weiss, 144 S., 60 Diagramme, kart. ●●

Kartentricks
(2010) Von T.A. Rosee, 80 S., 13 Zeichnungen, kart. ●

Neue Kartentricks
(2027) Von K. Pankow, 104 S., 20 Abb., kart. ●

Das japanische Brettspiel Go
(2020) Von W. Dörholt, 104 S., 182 Diagramme, kart. ●

Mah-Jongg
Das chinesische Glücks-, Kombinations- und Gesellschaftsspiel. (2030) Von U. Eschenbach, 80 S., 30 s/w-Fotos, 5 Zeichn., kart. ●

Backgammon
für Anfänger und Könner. (2008) Von G.W. Fink und G. Fuchs, 104 S., 41 Abb., kart. ●

Das Backgammon-Handbuch
(4422) Von E. Heyken, M.B. Fischer, 232 S., 400 Abbildungen, Pappband. ●●●●

Würfelspiele
für jung und alt. (2007) Von F. Pruss, 112 S., 21 s/w-Zeichnungen, kart. ●

Roulette richtig gespielt
Systemspiele, die Vermögen brachten. (0121) Von M. Jung, 96 S., zahlreiche Tabellen, kart. ●

Spielend Roulette lernen
(2034) Von E.P. Caspar, 152 S., 1 s/w-Foto, 45 Zeichnungen, kart. ●●

Gesellschaftsspiele
für drinnen und draußen. (2006) Von H. Görz, 112 S., kart. ●

Spiele für Party und Familie
(2014) Von Rudi Carrell, 80 S., 22 Zeichnungen kart. ●

Neue Spiele für ihre Party
(2022) Von G. Blechner, 120 S., 54 Zeichnungen, kart. ●

Lustige Tanzspiele und Scherztänze
für Partys und Feste. (0165) Von E. Bäulke, 80 S., 53 Abb. kart. ●

Magische Zaubereien
(0672) Von W. Widenmann, 64 S., 31 Zeichnungen, kart. ●

Zaubertricks für jedermann
(0282) Von J. Merlin, 176 S., 113 Abb., kart. ●●

Zaubern
einfach – aber verblüffend. (2018) Von D. Bouch, 84 S., 41 Zeichnungen, kart. ●

Scherzfragen, Drudel und Blödeleien
gesammelt von Kindern. (0506) Hrsg. von W. Pröve, 80 S., 57 Zeichnungen, kart. ●

Kinderspiele
die Spaß machen. (2009) Von H. Müller-Stein, 104 S., 28 Abb., kart. ●

Spiele für Kleinkinder
(2011) Von D. Kellermann, 80 S., 23 Abb., kart. ●

Spiel und Spaß am Krankenbett
für Kinder und die ganze Familie. (2035) Von H. Bücken, 96 S., 97 Zeichnungen, kart. ●

Guten Tag, Kinder!
Neue Texte mit Spielanleitungen fürs Kasperletheater. (0861) Von U. Lietz, 96 S., 18 s/w-Zeichnungen, kart. ●

Kasperletheater
Spieltexte und Spielanleitungen · Basteltips für Theater und Puppen. (0641) Von U. Lietz, 114 S., 4 Farbtafeln, 12 s/w-Fotos, 39 Zeichnungen, kart. ●

Kindergeburtstage, die keiner vergißt
Planung, Gestaltung, Spielvorschläge. (0698) Von G. und G. Zimmermann, 104 S., 80 Vignetten, kart. ●

Kindergeburtstag
Vorbereitung, Spiel und Spaß. (0287) Von Dr. I. Obrig, 136 S., 40 Abb., 11 Zeichnungen, 9 Lieder mit Noten, kart. ●

Kinderfeste
daheim und in Gruppen. (4033) Von G. Blechner, 240 S., 320 Abb., kart. ●●

Das Geheimnis der magischen Ringe
Alles über das Puzzle vom Würfel-Erfinder. Die schönsten Figuren. (0878) Von Dr. Ch. Bandelow, 96 S., 198 Zeichnungen, 8 Cartoons, kart. ●

Die schnellste Lösung und zahllose Varianten
Rubik's C·L·O·C·K™
Genehmigte Ausgabe
(1019) Von J. Trajber, 64 S., 149 Zeichnungen, kart. ●

Knobeleien und Denksport
(2019) Von K. Rechberger, 142 S., 105 Zeichnungen, kart. ●

Quiz
Mehr als 1500 ernste und heitere Fragen aus allen Gebieten. (0129) Von R. Sautter und W. Pröve, 92 S., 9 Zeichnungen, kart. ●

Das Super-Kreuzwort-Rätsel-Lexikon
Über 150.000 Begriffe. (4279) Von H. Schiefelbein, 688 S., Pappband. ●●

500 Rätsel selberraten
(0681) Von E. Krüger, 272 S., kart. ●

501 Rätsel selberraten
(0711) Von E. Krüger, 272 S., kart. ●

Riesen-Kreuzwort-Rätsel-Lexikon
über 250.000 Begriffe. (4197) Von H. Schiefelbein, 1024 S., Pappband. ●●●

Computer-Bücher und Software

FALKEN Computer Lexikon
(4185) 312 S., 173 s/w-Fotos, Pbd. ●●●

Computer-Grundwissen
Eine Einführung in Funktion und Einsatzmöglichkeiten. (4302) Von W. Bauer, 176 Seiten, 193 Farb- und 12 s/w-Fotos, 37 Computergrafiken, kart. ●●● (4301) Pbd. ●●●●

Grundwissen Informationsverarbeitung
(4314) Von H. Schiro, 312 S., 59 s/w-Fotos, 133 s/w-Zeichnungen, Pappband. ●●●●●

Computergrafik
Von den Grundlagen bis zum perfekten 3 D-Programm. (4319) Von A. Brück, 296 S., 20 Farbtafeln, 180 s/w-Grafiken, 50 s/w-Zeichn., 83 Listings, Pappband. ●●●●●

Die tägliche PC-Praxis
Anwendungshilfen, Programme und Erweiterungen für MS-DOS-Computer
(4322) Von A. Görgens, 224 S., 25 Abbildungen, kart. ●●●●

Microsoft Word
Textverarbeitung, MailMerge und Desktop Publishing im Selbststudium
Für alle Versionen bis 4.0
(4328) Von A. Görgens, 160 S., 120 Abbildungen, kart. ●●●●

WORDSTAR 2000
Textverarbeitung für Einsteiger und Profis
Mit erprobten Anwendungen aus der Praxis.
(4317) Von D. Nasser, 200 S., 9 s/w-Fotos, 3 Zeichnungen, kart. ●●●●●

dBase III
Einführung für Einsteiger und Nachschlagewerk für Profis. (4310) Von J. Brehm, G.A. Karl, 211 S., 23 Abb., kart. ●●●●●

dBASE III PLUS dBASE IV
Der einfache Weg zur individuell programmierten Datenbank
Mit Tutor-Diskette
(4326) Von P. Vogel, Th. Kregeloh, M. Hofmann, 272 S., 63 Abb., kart. ●●●●●

Open Access II
Textverarbeitung, Kalkulation und Datenverarbeitung im Selbststudium
(4327) Von A. Görgens, 184 S., 108 Abbildungen, kart. ●●●●

Textverarbeitung mit Home- und Personal-Computern
Systeme – Vergleiche – Anwendungen.
(4316) Von A. Görgens, 128 S., 49 s/w-Fotos, kart. ●●●●

Drucker und Plotter
Text und Grafik für Ihren Computer.
(4315) Von K.-H. Koch, 192 S., 12 Farbtafeln, 5 s/w-Fotos, kart. ●●●●

WordStar Praxis professionell
Für die Versionen 3.4/3.45/4.0
Erweiterungen · Praxis-Tips · Datenaustausch · Desktop Publishing. (4324) Von A. Görgens, 172 S., 2 s/w-Fotos, 2 s/w- Zeichnungen, 116 s/w-Grafiken, kart. ●●●●

Desktop Publishing
Setzen und Drucken auf dem Schreibtisch.
(4323) Von A. Görgens, 120 S., 11 s/w-Fotos, 72 Zeichnungen, kart. ●●●

Einführung in die Programmiersprache BASIC.
(4303) Von S. Curran und R. Curnow, 192 S., 92 Zeichnungen, kart. ●●

Intelligenz in BASIC
für Schneider CPC 464/664/6128. Mit Diskette 3″. (4320) Von K.-H. Koch, 160 S., 14 Zeichnungen, kart. ●●●●●

Garantiert BASIC lernen mit dem C 128
Mit kompletter Kurs-Diskette
(4321) Von A. Görgens, 288 S., 4 s/w-Fotos, 83 Zeichnungen, kart. ●●●●

Lernen mit dem Computer.
(4304) Von S. Curran und R. Curnow, 144 S., 34 Zeichnungen, Spiralbindung, ●●

Heimcomputer-Bastelkiste
Messen, Steuern, Regeln mit C 64-, Apple II-. MSX-, TANDY-, MC-, Atari- und Sinclair-Computern. (4309) Von G.A. Karl, 256 S., 160 Zeichnungen, kart. ●●●●

Schach mit dem Computer
(0747) Von D. Frickenschmidt, 140 S., 112 Diagramme, 29 s/w-Fotos, 5 Zeichnungen, kart. ●●

Bestellschein

Erfüllungsort und Gerichtsstand für Vollkaufleute ist der jeweilige Sitz der Lieferfirma. Für alle übrigen Kunden gilt dieser Gerichtsstand für das Mahnverfahren. Falls durch besondere Umstände Preisänderungen notwendig werden, erfolgt Auftragserledigung zu dem bei der Lieferung gültigen Preis.
Ich bestelle hiermit aus dem Falken-Verlag GmbH, Postfach 11 20, D-6272 Niedernhausen/Ts., durch die Buchhandlung:

Ex. ____________________

Ex. ____________________

Ex. ____________________

Ex. ____________________

Name: ____________________

Straße: ____________________ Ort: ____________________

Datum ____________________ Unterschrift: ____________________

Die hier vorgestellten Bücher, Videokassetten und Software sind in folgende Preisgruppen unterteilt:

● Preisgruppe bis DM 10,–/S 79,–/Fr.10
●● Preisgruppe über DM 10,– bis DM 20,– S 80,– bis S 160,– Fr. 10,– bis Fr. 18,70
●●● Preisgruppe über DM 20,– bis DM 30,– S 161,– bis S 240,– Fr. 18,70 bis Fr. 27,70
●●●● Preisgruppe über DM 30,– bis DM 50,– S 241,– bis S 400,– Fr. 27,70 bis Fr. 46,–
●●●●● Preisgruppe über DM 50,–/S 401,–/Fr.46,–
*(unverbindliche Preisempfehlung)

Die Preise entsprechen dem Status beim Druck dieses Verzeichnisses (s. Seite 1) – Änderungen, im besonderen der Preise, vorbehalten –

Falken-Verlag GmbH · Postfach 1120 FALKEN D-6272 Niedernhausen/Ts. · Tel.: 06127/7020